Ojalá, inshallah
Viaje íntimo al corazón de Yemen

Alan Delmonte Bertrán

Ojalá Inshallah

Viaje íntimo al corazón de Yemen

2016
Ediciones

Cuidado de edición y diseño: José M. Fernández Pequeño
Idea para diseño de cubierta: Ramón Ángeles
Realización de cubierta: K ediciones

Primera edición: 2016

© Textos: Alan Delmonte Bertrán
© Imagen de portada: Dibujo encontrado en las paredes de una casa pobre de Yemen y fotografiado por Luis Echavarría
© Imagen de contraportada: Alan Delmonte Bertrán
© Imágenes interiores: Luis Echavarría
© de esta edición: K ediciones
Derechos reservados / All rights reserved

Este libro no puede ser reproducido en su totalidad ni en parte, tampoco utilizado de ninguna forma ni por ningún medio-gráfico, electrónico o mecánico, incluyendo fotocopia o información y sistemas de recuperación, sin permiso escrito de su autor o de la editorial. Para información sobre licencias o ventas, por favor contactar a Alan Delmonte Bertrán (delmonte85@hotmail.com) o a Karenia Guillarón (kedicionesk@gmail.com).

ISBN-10: 1537272055
ISBN-13: 978-1537272054

K
ediciones
Miami, Fl.
kedicionesk@gmail.com

Índice

Un alma caribeña
en el desierto de Yemen............................ 11

Proemio... 19

Capítulo I.. 29

Capítulo II... 67

Capítulo III... 113

Capítulo IV... 151

Epílogo.. 219

PARA:

Dios, por hacer de este sueño una inmensa realidad.

Lilian, por su amor, paciencia, fidelidad y apoyo constante.

Aarón y Amaya, que siempre me motivan a entregarme.

Mis padres, porque todo lo que soy lo debo a ellos.

Un alma caribeña en el desierto de Yemen

Dos años han pasado desde que tuve el privilegio de leer el primer esbozo autobiográfico de Alan Delmonte Bertrán titulado *Ojalá, inshallah. Viaje íntimo al corazón de Yemen*, un relato lejano cargado de experiencias singulares, profundas y aleccionadoras, una historia personal con deliciosas imbricaciones sociopolíticas cuyo arraigado origen ancestral comulga a duras penas con una modernidad que cada vez más, tristemente, soslaya, invalida o sotierra las invaluables tradiciones. Una historia de esas que en escasas ocasiones descubrimos, cual perla nacarada e iridiscente, entre las valvas interiores de una ostra del Caribe insular.

Habríamos de derivar por un momento hacia ese concepto de insularidad que adorna al autor, así como las circunstanciales y a veces misteriosas consideraciones por las cuales algunas almas se decantan por el sedentarismo, o bien por la aventura: "[...] una extraña sensación de pertenecer a un lugar totalmente foráneo. Con el pasar de los meses y los años, el convivir con aquel estremecimiento había comenzado a desdibujar mi mundo, y sabía que para trazarlo nuevamente, vivir en el Medio Oriente se había vuelto imprescindible", declara Delmonte en el proemio. Tal firmeza no puede ser obviada por quien la gesta, a riesgo de vivir por el resto de la vida arrepentido al no haber intentado concretar un anhelo tan vehemente.

"Se me hizo imposible dejar de pensar en ese aliento original que describía el autor", dice Alan Delmonte Bertrán sobre la obra de Tim Mckintosh-Smith: *Yemen: La Arabia desconocida* (Overlook Press, 2014), un arabista avezado que ha vivido en Yemen desde 1982 y ha ganado el título oficial de Sheik de los Nazarenos.

Una semana de vacaciones en Marruecos parece haber sido el detonante para tal desafío en el caso de Alan Delmonte Bertrán, quien siendo isleño hispanohablante y a miles de kilómetros del Medio Oriente, hilvana una colorida aventura forjada con voluntad y arrojo, alto grado de preparación anímica y mental, así como una pizca de oportunidad. Una balanceada combinación textual adereza las páginas de su experiencia autobiográfica, inserta dentro de lo que ha sido su dilatada vida itinerante. Perfecto testigo presencial amparado por una misión humanitaria, nos presenta en este anecdotario, cual cuaderno de bitácora matizado con pequeños tesoros, la definición justa de una realidad cultural rica en detalles pertinentes.

El autor de este episodio autobiográfico está remarcado por su condición de habitante insular, ciudadano como es de la República Dominicana, un territorio de maravillosa diversidad, con temperaturas bajo cero en su centro, extensas costas salitrosas propensas a ventoleras y huracanes, dunas desérticas, descampados horadados por la explotación minera, manglares y humedales, flora y fauna singulares. Alan es coterráneo de una etnia generosa, bullanguera, demográficamente prolífica, de masas depauperadas y escasamente alfabetizadas, proclives al desorden, el gozo y la molicie, pero firmes en sus convicciones. Ser dominicano sin dudas le equipó muy bien para apreciar las consonancias y disonancias de su experiencia en Yemen.

El Yemen que nos describe desde la perspectiva de un epidemiólogo que oferta su práctica de manera voluntaria y gratuita en el Centro de Rehabilitación de Hais, fundado curiosamente por adventistas en territorio musulmán, es: "[...] una isla de sosiego dentro de un mar de carencias, que sosegaba el dolor a cientos de personas que acudían a sus puertas para poner fin a sus dolencias". Un Yemen que no dista mucho de aquel que las tradiciones orales y los folios de los cronistas clásicos proponían como fantástico en sus recuentos de serpientes voladoras que guardaban celosamente los bosques sagrados de incienso, las montañas que menstruaban y las islas que desaparecían como por encanto.

Así, a su manera, percibe Delmonte Bertrán el Yemen del siglo XXI que le tocó vivir: "[...] la magia que contenían sus resguardadas ciudades, la discreción de una población más interesada en mantener sus raíces vivas que en dejarse arrastrar por el río homogéneo de la modernidad".

El Yemen de hoy es también el que fue presentado en los relatos bíblicos, donde el Reino de Saba se compartía con la Etiopía moderna, y donde su reina Makeda o Bilqis, originaria de la ciudad pre-islámica de Ma'rib, podría ser la musa Sulamita del rey Salomón en el *Cantar de los cantares*. Y es asimismo la misma región sudoccidental donde en el año 26 antes de Cristo fueron derrotadas las cohortes de César Augusto al mando de Aelio Galo, cuando fue dividida geográficamente en tres la península: Arabia Felix, junto a la Arabia Pétrea y la Arabia Deserta.

Escasamente fértil en sus valles, la población del Yemen antiguo era nómada y su territorio fue llamado Eudaimon

Arabia por el geógrafo y astrónomo egipcio Claudio Tolomeo. Fue centro de control del tráfico de especias hacia el Occidente, en una ruta arisca por donde interminables columnas de caravaneros desfilaban cargados de incienso y mirra, láudano y oro, finísima seda textil, madera de ébano y el apreciado marfil. Tanto, o más aún, como lo fue su "oro negro", el café arábigo, exportado desde el puerto de Moka.

Para entender el presente que relata Alan Delmonte Bertrán habría que revisitar el pasado, cuando el Islam (*circa* 630 AD) llegó a Yemen, y desde entonces, destacar su turbulento y cambiante panorama de traspasos de mando y trazados geopolíticos.

La posición estratégica que ocupa en la península fue parte de los califatos sucesivos de Damasco y Bagdad, para luego convertirse en un fraccionado estado dinástico de reinos independientes durante el siglo VIII y posteriormente súbdito de los califatos de Egipto y los sultanes del Imperio Otomano. Los portugueses tomaron control del puerto de Aden en el siglo XV y se fortificaron en la isla de Socotra para garantizar el paso marítimo de las flotas comerciales europeas. La dinastía saudita, tres siglos después, anexiona Yemen, que lo resiste hasta que sus habitantes declaran una independencia efímera. Vuelve al dominio egipcio dos siglos más tarde, hasta que los británicos se convierten en un férreo poder político-militar en la zona desde 1839. Los británicos lo llamaban Arabia del Sur, fortaleciendo el control en el ambicionado puerto de Aden, que una vez estuvo dominado por los portugueses. Terminada la Primera Guerra Mundial, Yemen, nación en permanente estado de secuestro histórico, alcanza nueva vez su independencia, organizándose como reino y persistiendo como un estado amenazado por sus vecinos y extranjeros.

Ya en la segunda mitad del siglo XX, Yemen es parte de la Liga Árabe y reconocido en la Organización de las Naciones Unidas. En 1962, el último rey yemenita es derrocado y se proclama la República Árabe de Yemen (Yemen del Norte), pasan por una sangrienta guerra civil, y cinco años después, se dividen sus habitantes al eliminarse la dominación británica y proclamarse la República Democrática Popular de Yemen (Yemen del Sur), el primer estado árabe comunista. Ya en 1981, se define como proyecto una única Constitución para reunificar ambas repúblicas, que no se concreta sino hasta el 22 de mayo de 1990, cuando el Norte y el Sur se unen en la República de Yemen. A ello le sucede una previsible guerra civil en 1994, y sucesivas rebeliones que permiten la entrada de Al Qaeda en el territorio del sur, amenaza latente que perdura hasta el momento en menor o mayor grado, en una zona convulsa e inestable.

Yemen está caracterizado organizacionalmente como un gobierno semi-presidencial, con un Primer Ministro y un Jefe de Estado, además de un Consejo de Gobierno integrado por tres representantes del Norte y dos del Sur. Tiene un parlamento bicameral con Asamblea de Representantes, a la par que un Congreso General del Pueblo, compuesto por más de cuatrocientos miembros y un fuerte pasado tribal (los hashid y los bakil). El tribalismo tiene un decisivo arrastre de la ideología *zaydí*, donde los jeques mantienen una importante influencia político-social, haciendo de Yemen un complejo entramado en el que cuesta ponerse de acuerdo.

En esta pieza autobiográfica de Delmonte Bertrán, aparte de reflejar de manera seminal el componente político-tribal, se establecen también muy claramente las tradiciones machistas que demandan retribución por las dotes familiares que pagan a las familias de sus desposadas. Cual un esquema feudal occidental del Medioevo, los hombres se empeñan con palabra y bienes materiales a cambio de compañera. Precisamente por esa transacción previa entre familias, el matrimonio y el divorcio son válidos aun cuando no exista de por medio un Registro Civil y el Estado no tenga inherencia sobre esas prácticas.

La poligamia es restringida, pero en la práctica puede ser justificada por el hombre de acuerdo con sus medios, notificando de ello a las esposas. De más está decir, pero valga, que la poliandria es inexistente en Yemen. La esposa debe obediencia a su esposo, a cambio de que este procure la manutención del hogar, y la mujer solo puede solicitar el divorcio ante una corte, aunque otra cosa es que le sea concedido. De acuerdo con las tradiciones, una mujer está en edad mínima para casarse a los quince años, pero los matrimonios con niñas menores de esa edad no se invalidan. Todo lo anterior crea un sistema social donde la mujer es ampliamente desfavorecida, tema delicado que el autor se ocupa de detallar con extraordinaria riqueza, a la vez que nos ofrece el otro lado de la moneda, desde su perspectiva y apreciación latina.

Yemen es un país desértico con una gradación de seis microclimas diversos, donde solo una ínfima parte de su superficie terrestre puede ser irrigada, por lo que las magras cosechas agrícolas siguen métodos tradicionales poco efectivos y el pastoreo persiste en ser una actividad tradicional de importancia. Uno de los países más pobres del Medio Oriente, con ochocientas mil líneas telefónicas fijas, dos millones de usuarios de telefonía móvil y menos de trescientos mil usuarios de Internet, se ve beneficiada por los recientes hallazgos de petróleo y gas natural, que dentro de su conformación socio-política actual provocará cambios económicos importantes, que al mismo tiempo permiten vislumbrar recios conflictos territoriales tribales de manera incremental en los años por venir.

Los yemeníes, unos veinticuatro millones de ciudadanos, donde solo el 24% habita en zonas urbanas, conservan la tradición y el linaje árabe, divididos de manera casi igualitaria entre musulmanes suníes y chiíes, con una limitadísima presencia de cristianos, hindúes y judíos. Tienen una expectativa de vida estadística promedio de 62 años y el 70% de los hombres están alfabetizados, versus un 30% de la población femenina.

La homosexualidad consentida se castiga con flagelación o muerte, de acuerdo con la Sharia, que es el código del Derecho Islámico. La tortura a los prisioneros y las ejecuciones tribales no llaman a sorpresa. Así pues, las experiencias humanitarias de nuestro epidemiólogo dominicano, Alan Delmonte Bertrán, se desarrollan dentro de un clima adverso donde se restringen los derechos femeninos, la brutalidad y la tortura son temas consabidos, no existe la libertad de prensa, se pasa un hambre atroz en el mes de Ramadán y uno de los pocos entretenimientos, a la par que disparar con una AK-47, es masticar el *qat*, o *khat* (*Catha edulis*) hasta alterar medianamente los sentidos con la euforia química de sus alcaloides sicotrópicos.

Y aquí reside precisamente lo curioso y a la vez lo hermoso de esta narrativa. Fuera de cifras estadísticas, más allá del radar de las críticas sociales, un hombre joven del Caribe consigue penetrar barreras autoimpuestas, incluso la más peligrosa de todas en Yemen —el coqueteo con el amor prohibido. Y a fuerza de una generosidad que en más de una ocasión bordea el escudo de la ingenuidad, el autor nos mete dentro de las almas de un pueblo horadado por el conflicto, mermado por la rapiña de sus vecinos y conquistadores, y como por arte de magia, nos muestra de manera excepcional la esencia oculta de un pueblo distante, donde todavía permea el misterio que destilan las arenas del desierto, cual testigos permanentes de su accidentada historia.

En este apasionante recuento, entendemos mejor ahora la abierta comprensión de los símbolos y tradiciones espirituales en el omnipresente Corán islámico, la influencia *wahhabita* que borra tradiciones ancestrales desde las *madrazas*, y hasta la íntima confesión de un colega yemenita que cuestiona la mutilación infantil, pero que no puede impedirla. Asimismo, el laberíntico proceso del casamiento y las dotes –filmado por un equipo dominicano de televisión–, tal como la cruel ironía de que al llegar de vacaciones desde el peligroso Yemen, Delmonte Bertrán es asaltado en las calles de Santo Domingo, todo descrito de manera precisa, en un lenguaje divertido que aflora las sonrisas y sobrecoge el espíritu mientras se pasan las páginas.

Es la tercera vez que leo este relato y no deja de asombrarme la valentía del autor, su desprendimiento y su acerada voluntad. Virtudes que sin dudas le adornan y deben servir de ejemplo a esta y otras generaciones por venir, en su afán de conocimiento, su espíritu de aventura, su alto grado de sensibilidad social, solidaridad humana, y vocación de servir de manera voluntaria a sus semejantes, sin importar los obstáculos, sin importar fronteras, razas o credos.

Luis Arambilet
Juan Dolio, R. D.
Enero, 2016

Proemio

Ojalá, inshallah

Hay un ritmo, una cadencia, un letargo en la manera en que se mueven las almas, como si el tiempo no importara y el pasado fuera una sombra imposible de ignorar. Es posible que sea la forma en que los hombres andan tomados de las manos, dedos entrecruzados, tribalmente demostrando que no están solos en el mundo. Quizás sean los cincuenta millones de armas que rondan por cada rincón, impregnando la nación de una aura bélica donde rige en ocasiones la ley del más fuerte. Tal vez sea la manera en que todos usan las bocinas, no como sistemas de alerta, sino como altavoces que sirven para anunciar a los demás: "¡Yo existo!", haciendo del ambiente una perpetua escena de una película de Fellini. Es probable que todo se deba a la ausencia pública del género femenino, lo que siembra el furtivo deseo en cada hombre de que todas las mujeres, exceptuando a sus madres, esposas y hermanas, se despojen de los velos que previenen que se ensanchen sus pupilas y que la expresión sexual fluya por entre las reprimidas fosas de sus carnes. Es posible que sea el calor, o los miles de años luchando por los escasos recursos naturales, o el descomunal consumo de *qat*, una hoja narcótica parecida a la de coca, que transmuta la energía que mana del territorio.

Cualquiera que sea la razón que convierte a Yemen en una barcaza navegando sobre un mar de sudor, testosterona y cojones, la vida en este rincón de la Península Arábiga es un continuo "corazón en la boca", donde existir en el borde es la única forma de ser y sobrevivir, como si el panorama, monótono en su manera de expresarse, estuviera plasmado en la conciencia de todos sus habitantes. En Yemen el mañana es un *inshallah*[1] y el ayer un suspiro enterrado en silencios.

Una mañana, en julio del año 2009, recibí una llamada desde Sana'a,[2] capital de Yemen, situada a 11,872 kilómetros de distancia:

—*As-salaam-alaykum*[3] –dijo la voz por teléfono.

—*Wa-alaykum-salaam*[4] –respondí lleno de nervios, utilizando por primera vez el rudimentario árabe aprendido en los largos maratones frente al software Rosetta Stone, y ansiando demostrarle a los entrevistadores mi determinación de vivir en Yemen.

—Mi nombre es Rami Khalil y soy el director de la Agencia Intercontinental de Desarrollo en la Península Arábiga. Estaré guiando esta última entrevista junto a mi equipo de trabajo, que en estos momentos te escucha por el altavoz.

—Muchísimo gusto, Sr. Khalil. Es un honor escucharlo finalmente –dije tratando de respirar hondo para no sucumbir a la emoción.

—Gracias, Alan, el honor también es mío. Sandra, nuestra directora de Recursos Humanos, quedó satisfecha con tu desempeño en la primera entrevista. Me contó de tu gran interés en unirte a nuestra organización, y quería escucharte personalmente antes de que tomemos la decisión de contratarte para el puesto de director del Centro de Rehabilitación de Hais. Antes de que prosigamos, es mi deber decirte que es la posición más difícil de toda nuestra base organizativa,

---

[1] Vocablo árabe para indicar la esperanza de que un acontecimiento ocurra en el futuro, si tal es la voluntad de Dios.
[2] Capital de Yemen, con una población aproximada de dos millones de habitantes.
[3] Es la forma en que se saludan los musulmanes. Literalmente significa "que la paz esté contigo".
[4] Respuesta que se da al saludo *as-salaam-alaykum*. Significa "y que la paz quede contigo".

pero considero que debido a tu entusiasmo podrías ser una buena opción para el proyecto. Aunque antes de que tomes cualquier decisión, tengo que advertirte lo siguiente: todos los que han ocupado el puesto en el pasado no pudieron asimilar el hecho de ser los únicos extranjeros en un radio de 300 kilómetros, ni aguantar el insoportable calor que hace de la región donde vivirías literalmente un horno. Y eso no es todo, el pueblo donde está localizado el proyecto tiene un serio problema con el suministro de agua, la recogida de basura y las condiciones de higiene en general. Esto nos ha causado un gran problema, ya que la mayoría de los encargados del proyecto renuncian antes de cumplir con el tiempo estipulado en el contrato, que por lo general es de un año. Alan, ¿crees que serás capaz de adaptarte al entorno? –preguntó la voz de manera firme.

—¡Sí! –dije sin pensarlo dos veces–. Como podrán haber visto en mi hoja de vida, tengo la ventaja de haberme criado en un país tercermundista, localizado en un lugar donde el verano es interminable y donde las condiciones de higiene dejan mucho que desear. Si ese ha sido el obstáculo más grande para cubrir la posición, tengo toda la vida entrenándome para ocuparla –continué confiado, sentado en la sala del hogar de mis padres, en pleno corazón de Santo Domingo, República Dominicana, donde en aquella mañana de julio el termómetro marcaba 31 grados Celsius, y debido al copioso flujo de sudor que brotaba de todo mi cuerpo, estaba seguro de que con mis veinticuatro años tostándome en la isla tropical que me había visto nacer, estaba preparado para cualquier batalla climática.

—Me gusta tu actitud –dijo Rami–. Necesitamos a alguien que esté muy motivado para empujar este proyecto hacia delante. Durante muchos años hemos estado luchando para mantener a flote este centro, ya que la población a la que sirve lo necesita sobremanera. El índice de discapacitados en la zona es altísimo, y la presencia de alguien competente que pueda dirigirlo es invaluable. Ya hemos visto tu hoja de vida y pensamos que tienes la suficiente experiencia para cubrir la posición. Más adelante te dejaremos saber nuestra decisión, y si hemos de proceder contigo, te estaremos informando lo antes posible.

—Bueno, muchísimas gracias. Estaré esperando su respuesta –dije luchando por mantener a raya mi agitación.

—Gracias a ti –dijo Rami antes de escucharse el sonido del teléfono al ser colgado.

Después de aquella segunda y última entrevista, no me quedaba más que esperar, y sentir que en cada hora, en cada minuto, la posibilidad de recibir esa llamada que marcaría el clímax de mi fascinación por el Medio Oriente se acercaba como un vendaval que vendría a cambiarlo todo, llevándome directo hacia donde apuntaba mi corazón, que rara vez se equivocaba. Aquel encanto, que consumía mis pensamientos con ese halo de posibilidades que sobrevuela las aventuras anheladas por muchos años, había surgido durante un viaje a Marruecos, al que visité mientras completaba un programa de intercambio en la Universidad Complutense de Madrid. Durante toda una semana, deambulé por las calles de Marrakesh cautivado por su olor a incienso, el sabor a menta que nunca abandonó mi paladar, y la energía de una ciudad que imploraba ser vista con detenimiento. Fue en esa semana cuando decidí que tenía que regresar a aquellas tierras no a modo de turista, sino como un residente dispuesto a vivir entre sus fronteras.

La idea se instaló en mí y se convirtió en una presencia inquisidora que no me dejaría en paz hasta que no buscara la manera de regresar. No sé si fue la hospitalidad de la gente, las enigmáticas mujeres que caminaban con los rostros velados, las melódicas mezquitas que inundaban la ciudad con sus cadencias cinco veces al día, o las serpientes que bailaban al son de flautas tocadas por hombres barbudos que las manoseaban sin temor de ser mordidos. Lo que sí sé es que durante aquellos cinco días algo despertó en mí, quizás un viejo anhelo, una extraña sensación de pertenecer a un lugar totalmente foráneo.

Con el pasar de los meses y los años, el convivir con aquel estremecimiento había comenzado a desdibujar mi mundo, y sabía que para trazarlo nuevamente, vivir en el Medio Oriente se había vuelto imprescindible. Por eso, después de aquel viaje, comencé a prepararme para aquella transición sin saber cómo ni cuándo regresaría, estudiando el idioma árabe y leyendo todo lo que caía en mis manos sobre la región.

Dos años después del viaje, mientras cursaba una maestría en salud pública en la Universidad de Boston, encontré en una vieja librería una obra del inglés Tim Mckintosh-Smith titulada *Yemen*, que terminó de aclarar la dirección hacia donde debía concentrar mis fuerzas. En el libro, Mckintosh-Smith se extendía sobre un misterioso país que se había quedado colgado en los rieles del tiempo, donde las telarañas del olvido habían logrado mantener viva la base de la cultura árabe debido al retraído carácter de su gente, que luchaba fervientemente por mantener sus tradiciones y costumbres aisladas de toda influencia occidental. Según pude leer entre líneas, Marruecos era una imagen diluida de lo que una vez fue el mundo árabe, mientras que Yemen, a pesar de su inestabilidad y pobreza, era la imagen primaria.

Después que el libro cayera en mis manos, se me hizo imposible dejar de pensar en ese aliento original que describía el autor, la magia que contenían sus resguardadas ciudades, la discreción de una población más interesada en mantener sus raíces vivas que en dejarse arrastrar por el río homogéneo de la modernidad. A través de su portada, dibujada con hombres vestidos de faldas largas y armados con dagas arabescas, y las palabras que se escondían detrás de su módico ensamblaje, Mckintosh-Smith soplaba fuerza a las turbinas de mi juventud, y nutría el anhelo que se había expandido como un incendio incontrolable que se alimentaba con la sed de aventura demandada por mi mocedad. Las imágenes del país que Mckintosh-Smith había recreado en mi mente se manifestaban hasta en mis sueños, donde llegué a experimentar vívidas experiencias tras párpados cerrados.

Y aunque me cueste admitirlo, dentro del entusiasmo que me producía la idea de vivir en Yemen, el temor era parte integral de la aventura. Al igual que todos los pobladores del mundo occidental, yo también había estado expuesto a incontables horas de noticias que asociaban al Medio Oriente con la palabra terrorismo. Aquella semillita revestida de sospecha, que contenía las imágenes de un mundo de hombres que odiaban a las mujeres, capaces de forrarse de dinamita y reventarse en mil pedazos, ya había sido plantada en mi conciencia.

Pero, a diferencia de los soldados que desde hacía años llegaban al Medio Oriente para convertir ese temor en la más absurda de las violencias, yo quería salvar al mundo. Dentro de esa apasionada ingenuidad que puebla a todo aquel que solo ha vivido veinticuatro inviernos, estaba decidido a batallar contra ese halo de terror como un profesional especializado en salud pública, que en vez de ir fusil en mano a seguir nutriendo el círculo vicioso de la violencia sin sentido, llegaría a trabajar para el bienestar de sus ciudadanos. Con los abismales índices de pobreza que afectaban a la región, y con los conocimientos que había adquirido después de seis largos años en la universidad, tenía la inexplicable convicción de que Yemen esperaba por mí y yo esperaba por él. ¿Quién mejor que un especialista en salud pública para atisbar problemas sociales y ofrecer soluciones reales a contrariedades de fácil solución? ¡Solo el tiempo lo diría!

Tres días después de la entrevista, me llamaron para informar que había conseguido el trabajo. Por obra de un destino nacido de un ferviente deseo, pronto estaría de camino hacia el corazón de la tierra anhelada, hacia el centro de la región más distorsionada, menos entendida y con la peor reputación en el mundo occidental. Yemen, esa caja de Pandora que de manera irremediable había seducido mi imaginación tomándola de rehén con su encanto ancestral, me abría sus tímidas puertas y me invitaba a conocer sus más íntimos secretos.

Poco después de anunciar la noticia a mis amigos y familiares, empecé a recibir un bombardeo vía advertencias y preguntas de por qué mi decisión de laborar entre sus laberínticos bazares, de vivir en medio de la impalpable libertad que se siente en el desierto y de convivir día a día con los seres humanos menos comprendidos sobre la faz de la tierra. Eran de una insistencia y urgencia tal, que saturaban mis oídos y se me hizo imposible convencerlos con mis laboriosas justificaciones. No había duda de que Yemen me halaba hacia su centro de gravedad y no había nada en el mundo que yo pudiera hacer para librarme de su hechizo.

Al despedirme de mis padres en el aeropuerto de Santo Domingo, mirando hacia atrás mientras sus rostros se perdían en la muchedumbre, la realidad le dio nacimiento a un sueño plasmado en ideales humanitarios que estaba a punto de ser recreado no solo por mi imaginación, sino por la vida misma expresándose cabalmente. En ese momento, mi corazón comenzó a desbocarse por el hecho de encontrarme frente a frente con el más tétrico de los vacíos: ese que no acepta vuelta atrás. Yemen estaba a punto de convertirse en mi hogar y no tenía la más mínima idea de lo que eso significaba. Aquel mundo amurallado entre las sombras del temor, supuestamente hostil a todo lo proveniente de Occidente, me esperaba sumido en el silencio de sus posibilidades, listo para destruir todas las concepciones que tenía sobre el amor, la fe, y aquellas decisiones que transforman nuestras vidas.

Capítulo I

Me desperté de un liviano sueño y miré por la ventanilla del Boeing 767 que había partido de El Cairo. El aura del amanecer dejaba entrever una cordillera rasgada, filosa y antagonista. La escasa naturaleza se manifestaba entre las parcelas dibujando su verdor a medias, como si hubiera elegido muy deliberadamente el lugar de su expresión. Diminutos poblados compuestos de casas de piedra confluían en los topes de las montañas, y daban la impresión de que mientras más inaccesible lucía la zona, más adecuado les parecía a los pobladores construir sus moradas en la desolación de un espacio inerte, amalgamadas en la sierra como si las villitas fueran una extensión de la misma aspereza de la tierra.

Aterrizamos en el Aeropuerto Internacional de Sana'a, entre aviones y helicópteros de combate. Por primera vez en mi vida, la sensación de haber llegado a un país en guerra se agolpó en mi garganta. Cuando salimos a la intemperie, donde esperamos el autobús que nos llevaría a la terminal, un detalle que había obviado se hizo evidente: todos los pasajeros eran hombres. Aunque el mes de julio ya se había adentrado en el calendario, un frío acongojante bajaba de las sierras que rodeaban la ciudad. Más tarde me enteraría de que, al encontrarse a casi dos mil trescientos metros de altura, el calor parecía no asentarse nunca en Sana'a, la capital yemenita.

—*Welcome to Yemen* –anunció en un inglés rudimentario el auxiliar de vuelo, que llevaba sobre la cabeza un turbante, una *jambiya*[1] amarrada a la cintura, y un *thawb*[2] blanco sobre el cuerpo. El Departamento de Inmigración me esperaba inmerso en un desorden colosal. Las filas eran inexistentes y todos se amontonaban sobre el agente que, con aire indiferente, se mantenía distante de la algarabía. El miedo que había cargado desde que salí de mi país se aligeró en la caótica recepción, pues recordé las congestiones aeroportuarias de mi tierra.

Una hora después, cuando logré salir de aquel barullo, una portentosa rubia sumergió sus ojos entre el gentío que buscaba sus maletas.

—¡Hey! –voceó, su acento australiano confundiéndose en la cofradía de arabismos que se escuchaba por doquier.

—¿Sandra? –pregunté.

—Así es. ¡Mucho gusto!

—¡Por fin le puedo poner un rostro a la voz! –dije, en referencia a las largas conversaciones que habíamos tenido en la preparación del viaje. Al ser la directora de Recursos Humanos, Sandra estaba encargada de manejar los nuevos ingresos.

—Así es. Espero que hayas tenido un buen vuelo. Rápido, aprovechemos para sacar tus maletas.

Y mientras luchábamos codo con codo con el gentío que se abalanzaba sobre la correa, su rostro picaresco me deslumbró con una sonrisa, y preguntó:

—Exactamente como te lo habías imaginado, ¿no? –y con aquellas palabras haciendo eco entre las conexiones sinápticas de mi cerebro, que en aquel crucial momento trata-

---

[1] Es el término árabe para daga, aunque en este caso se utiliza en referencia a un cuchillo curvo utilizado por la mayoría de hombres yemenitas. La *jambiya* en Yemen es uno de los principales símbolos de estatus ya que el material de su empuñadura determina la categoría social del que la utiliza.

[2] Túnica larga hasta el tobillo utilizada por los hombres en la Península Arábiga y en países como Iraq y Libia para visitar las mezquitas.

ban de asimilar toda la nueva información que comenzaba a saturar mi sistema, se inauguró mi aventura yemenita.

***

Salimos cargados con las maletas hacia el vehículo, forzando nuestro paso por entre las barbas y turbantes que deambulaban frente a la salida del aeropuerto. Los uniformes bíblicos dominaban mi atención, la mayoría de los hombres vestidos como dobles en una película ambientada en la época de Jesucristo. Todos me miraban con ojos punzantes, escaneando cada espacio de mi cuerpo, como si sus miradas fueran máquinas de rayos equis incapaces de mostrar disimulo. Aunque tenía más de cuarenta horas sin dormir, una corriente de emoción dominaba mi organismo, quizás presintiendo todo lo que estaba por venir.

Al llegar al vehículo, Sandra me introdujo a una mujer de piel blanca y ojos azules, vestida con el *balto*[3] negro y el rostro descubierto.

—Hola, soy Megan —dijo esta última—. Y este es mi prometido Abu —señaló la mujer, mientras un espécimen imposible de ubicar en el mapa se volteó para saludarme desde el asiento delantero.

—*Ahlan,*[4] *as-salaam-alaykum* —murmuré, estrenando en vivo el nuevo lenguaje al que tantas horas había dedicado.

—¡Te felicito por tu árabe! –dijo Megan–. Por cierto, yo soy de los Estados Unidos, y Abu, mi prometido, es de Singapur. Llegó a Yemen hace unos días para conocer más a fondo su religión y acompañarme hasta que termine mi contrato de trabajo aquí en Sana'a. ¿Es cierto que eres de la República

---

[3] Túnica utilizada en algunas zonas del mundo musulmán para cubrir el cuerpo con excepción del rostro, los pies y las manos de las mujeres.
[4] Hola en árabe.

Dominicana? –preguntó la mujer mientras su pareja me observaba curioso.

—Así es –dije–. Y me imagino que soy el único por estos predios.

—Eso creo. La población extranjera que reside aquí es en su mayoría americana, europea, y filipina. Latinos hay muy pocos –indicó–. Por cierto, esta es Maha, la secretaria del proyecto en que trabajo –dijo Megan, señalando a una mujer con el rostro totalmente cubierto por el *balto* y el *hijab*,[5] aunque con una mirada capaz de traspasar cualquier objeto sólido con su destello sigiloso. Maha inclinó su cabeza ligeramente, abriendo y cerrando sus ojos en un espacioso y calmado accionar.

—*Ahlan* –dijo en voz baja mientras su mirada se contorsionaba por encima de la sonrisa que parecía cobrar vida por debajo de la tela.

—*Ahlan* –respondí, dudoso de si debía proseguir la conversación o dejar que ella la continuara si así deseaba. En vez de hablarme, Maha giró su cabeza hacia la ventana y puso fin a la introducción.

—Megan, Abu y Maha van a visitar la ciudad vieja de Sana'a. ¿Quieres ir con ellos o prefieres que te dejemos en el hotel? –preguntó Sandra.

—Yo feliz de irme con ellos –respondí traicionando las demandas de mi cuerpo, que en aquel momento solo pedía cama.

—Yo tengo que quedarme aquí para esperar a otra persona –dijo–. Te dejo un celular con el que nos mantendremos comunicados y donde encontrarás el contacto de todos los empleados de la organización. Mañana temprano nuestro

---

[5] Velo que cubre la cabeza y el pecho de las mujeres musulmanas, utilizado por lo general desde la pubertad y siempre que se encuentran en la esfera pública o en presencia de varones adultos que no sean de su familia inmediata.

director, Rami, te pasará a buscar ya que él mismo quiere introducirte a tu proyecto.

—Perfecto –dije–. ¡Gracias por todo!

Sandra se despidió y el vehículo comenzó a desplazarse. En la salida del aeropuerto, media docena de guardias observaban a los que entraban y salían. Sus rostros no lucían calmados, más bien paranoicos. Pude avistar a un guardia que buscaba bombas debajo de un vehículo utilizando un espejo en el extremo de un tubo. Luego de darle la vuelta completa al auto, indicó al conductor que podía seguir adelante.

Cuando salimos hacia la ciudad de Sana'a, Abdul, el chofer de la van, sonreía, rezumando esa hospitalaria simpatía yemenita que cautiva de primera impresión.

—¡*Sabah al khayr*![6] –entonó afable mientras las antiguas calles de Sana'a revelaban su distintiva arquitectura, característica que la había convertido en patrimonio cultural de la humanidad.

Dejamos el vehículo en Bab-al-Yemen, la icónica puerta de entrada a la ciudad vieja, el punto donde la antigua ciudadela y la Sana'a moderna colisionaban en una histórica muralla construida durante la invasión turca. La puerta, atestada de peatones que entraban y salían, ponía fin a la expansión que había arropado a la ciudad durante las últimas décadas, y daba inicio a una colección de torres color mostaza que se confundían con las secas cordilleras que se levantaban en el horizonte.

Al entrar en la comarca, Abdul me tomó de la mano, entrecruzó cada uno de sus dedos con los míos, y me haló hacia el mar de humanidad que se zarandeaba exaltada mientras vendía y compraba todo tipo de productos. Sus manos callosas me apretaron con fuerza, y una ambigua sensación

---
[6] "Buenos días" en árabe.

me dividió de inmediato. Aunque me era insoportable sentir las manos de otro hombre tomar las mías como si fuera su pareja sentimental, me dejé arrastrar por el hecho cuando noté que una gran cantidad de hombres hacían lo mismo mientras caminaban por la ciudad.

—No te preocupes, que aquí los hombres tienen la costumbre de andar agarrados de mano –dijo Abu al verme incómodo, consolando mi lacerada hombría de macho latino.

Al mezclarnos con el gentío que deambulaba por las calles, un grupo de vendedores de dátiles se llenaron las manos del manjar y me las ofrecieron avivados, mientras un niño desgarbado me tocaba el pantalón pidiendo limosna. A un lado, un camello desaliñado giraba en una noria para extraer aceite a un centenar de libras de semillas de sésamo, mientras un anciano le propinaba latigazos con su fusta. Alcé mi rostro y pude ver los minaretes de las mezquitas que se anidaban en la ciudadela, penetrando el cielo anaranjado que parecía haberse tiznado del mismo color de las torres empañetadas en barro. Y cielo y tierra se confundieron en una diáfana melodía de olores indescriptibles y vahos de inciensos que se hilaban y deshilaban sobre la muchedumbre. La ciudad parecía latir a su propio ritmo, palpitando como un corazón colmado de vida.

Después que Abdul decidió soltarme la mano, Maha se situó caminando a mi lado, dándome la impresión de que quería decirme muchas cosas, pero en vez de eso, se mantuvo en una especie de silencio receptivo, esperando a ver con qué palabras le llenaría yo los oídos. En aquel momento preferí no decirle nada. Acababa de llegar y todavía no conocía los límites de las relaciones entre hombres y mujeres, y no quería que mi primer día me sorprendiera ajeno a las afamadas complejidades culturales de las que ya me habían advertido.

Caminamos juntos por un largo rato mientras la ciudad me iba seduciendo con su embrujo impreciso, arrastrándome hacia la sensación de estar viviendo una fantasía anhelada por mucho tiempo. Me era imposible serle indiferente a la extrañeza que lo permeaba todo, y por un segundo dudé si lo que estaba viviendo era real o si seguía en mi propia tierra delirando una ilusión que había ansiado vivir. De vez en cuando, giraba mi cabeza hacia Maha, espiando de reojo su silueta estremecedora. Abdul volvió a tomarme la mano y me haló hacia donde se encontraban Megan y Abu, que habían entrado a una tienda repleta de pequeños envases de distintos colores. Contenían el único producto a la venta: miel.

—Estas ocho onzas valen cien dólares –dijo Abu, estrujándose la lengua con los labios–. Se supone que es la mejor miel del mundo –continuó, dejando que su mirada bailase por entre la viscosa sustancia, que reposaba inmóvil en el pequeño frasquillo.

—La miel yemenita es un verdadero tesoro –confirmó el vendedor al notar que éramos extranjeros–. Solo se cosecha dos veces al año en las montañas de Hadhramaut,[7] y las abejas solo utilizan las flores del *sidr* para su elaboración, un árbol muy venerado en nuestra religión islámica –expuso con autoridad.

Maha observaba la miel y me observaba a mí, y aunque sus labios estaban amparados bajo el velo que le cubría el rostro, tenía la impresión de que me susurraban un secreto que no estaba listo para escuchar. Parecía que me querían dejar saber que la verdadera miel no se encontraba en aquellos frasquillos, sino en otro lugar, donde encontrarla se debía convertir en mi deber. Después del *ahlan* de la introducción, el silencio que la había poblado solo había sido interrumpido

---

[7] Provincia situada en el este de Yemen. Es la de mayor dimensión geográfica.

por aquella penetrante expresión en su mirada, de donde parecían brotar palabras catapultadas desde un lugar lejano y peligroso.

Megan rebuscó entre los envases, pero al final se dejó vencer por los precios exorbitantes.

—Sé que debes estar cansado, pero de aquí seguimos para el palacio de Dar-al-Hajar.[8] ¿Te apetece ir? –preguntó la fémina con ojos apenados, observando las ojeras que se habían postrado bajo mis ojos.

—Claro que sí –respondí dejándome arrastrar por la incontenible fuerza de la novedad.

Para llegar al palacio de piedra de Dar-al-Hajar salimos de la ciudad y nos internamos en una carretera vecinal desde donde logré divisar de cerca la vida rural yemenita. Pude confirmar el insólito posicionamiento de las comunidades que iba avistando, que en vez de estar cerca de la carretera, se escondían de la vía pública erigiendo sus moradas en los picos de las lomas. Mientras el vehículo avanzaba por el escabroso camino, tenía la impresión de que algo cruel y despiadado había motivado a los pobladores a construir sus residencias en lugares de difícil acceso, desde donde (me imaginaba), podían vigilar toda la zona y estar en pie de guerra ante cualquier eventualidad.

Media hora después llegamos a Dar-al-Hajar. Era viernes en la mañana, día en que el palacio se utilizaba para la celebración de bodas. Al entrar en el recinto, avistamos a docenas de bailarines amenizando los eventos, desplegando sus habilidades de manera impecable. Los tambores resonaban en todo el valle, empoderando a los danzantes, que alzaban sus *jambiyas* al aire y les daban vueltas sin cesar. Mientras los

---

[8] Palacio real localizado en el valle de Wadi Dahr, a pocos kilómetros de Sana'a. Solía ser la residencia de veraneo del imán Yahya Muhammad Hamid ed-Din, gobernador de Yemen.

hombres cabrioleaban, un considerable número de mujeres observaban la celebración, disfrutando de la festividad desde la estrecha abertura de sus velos, manteniendo su distancia y su recelo.

Habiéndome criado rodeado de mujeres, el hecho de no poder mirarles el rostro me resultaba muy extraño. Sentía que una enorme pared se había instalado entre los sexos, dividiéndonos en dos mitades insolubles: género conocido y género desconocido. Resaltando lo distintivo que me parecía aquella singularidad, me encontré frente a frente con el palacio de piedra de Dar-al-Hajar, que se erigía imponente por encima del valle de Wadi Dahr, donde centelleaba su bizarro carácter por toda la inclemencia del arisco desfiladero.

Al haber servido de lugar de veraneo al imán[9] Yahya, gobernante de Yemen por más de cuarenta años, el palacio era el símbolo más importante de todo el país. Mientras contemplaba su perfil, su rareza arquitectónica comenzó a reverberar en mí, confirmando con cada trazado de sus angostas paredes que mi presencia allí era inadmisible. En aquel momento, Maha se paró a mi lado y suspiró en voz baja:

—Sé que te sentirás muy a gusto en nuestro país.

La miré, y mis ojos se quedaron colgados de los suyos, como náufragos que abrazaban lo único capaz de salvarlos.

—Gracias –le dije, y haciendo un esfuerzo, liberé mis ojos de aquellas dos estrellas color miel para que volvieran a perderse en el palacio de piedra, por temor a que los demás divisaran la curiosidad que su exuberante feminidad había despertado en mí.

Mientras pretendía estar embelesado con el palacio de Dar-al-Hajar, me extrañaba el hecho de que Maha siguiera

---

[9] Líder musulmán que dirige la oración colectiva en el Islam. Se sitúa delante de los demás fieles en las mezquitas y sirve de guía para realizar el ritual de la oración.

a mi lado, contradiciendo todo lo que había leído sobre lo peligroso que era relacionarse con mujeres en aquellas tierras. Aunque me era imposible verle el rostro, podía sentirla observándome, analizando mi silueta con detenimiento.

—Ya nos podemos ir –dijo Megan rompiendo el hechizo.

El viaje hacia el hotel transcurrió en silencio, y al llegar una hora después, me despedí de Megan, Abdul, Abu y Maha, que me dedicó un *ma'salaama*[10] musitado suavemente. Aunque el intercambio de palabras había sido mínimo, supe que entre nosotros había surgido un pacto, una alianza envuelta en misterio que tarde o temprano tendríamos que explorar (o eso quería creer).

Eran solo las seis de la tarde, pero estaba estropeado, incapaz de pensar en otra cosa que no fuera cerrar los ojos y dormir hasta nuevo aviso. Después de instalarme en la habitación, me tiré sobre la cama, donde la noche pareció transcurrir en cámara rápida. Poco antes de que saliera el sol, ya Abdul me esperaba frente al hotel. Me alisté lo más rápido que pude y me eché las maletas al hombro. El pueblo donde viviría por más de un año me esperaba sumido en su estupor ancestral, revestido de aquel paisaje apocalíptico donde tendría que enfrentar mi destino a base de voluntad, sudor y lágrimas. Aunque por supuesto, eso aún no lo sabía.

***

El Aeropuerto Internacional de Sana'a volvió a recibirme, aunque esta vez las barbas y turbantes que habían arropado la recepción eran sustituidas por dos maleteros que hacían todo lo posible por llevar mi equipaje. Al despedirme

---

[10] Significa "que te vayas en paz" en árabe y es la manera más común de decir adiós.

de Abdul, que me había recogido de madrugada en el hotel, avisté a Rami Khalil, que me esperaba con una enorme sonrisa.

—No te imaginas lo contento que estamos de que estés aquí con nosotros –dijo después de indicar a los hombres que no necesitábamos sus servicios.

La mañana estaba fría, seca, cargada de esa sensación que envuelve al que está a punto de saltar con un paracaídas por primera vez. Después de las cordialidades, Rami Khalil prosiguió a recitarme la agenda del día:

—Hoy será un día muy importante. Primero, viajaremos a Hodeidah,[11] la ciudad cabecera del municipio donde está Hais, tu futuro pueblo. Allí nos estará esperando Mohammed Osman, que nos llevará directo al proyecto. Después te presentaré a todos tus colegas y haremos lo posible para dejarte instalado –dijo, mientras los primeros rayos del sol alumbraban la desolada terminal.

Al sentarnos en el área de espera, observamos un avión de guerra ruso SU-22 color verde olivo abandonado en uno de los rincones de la pista.

—Tus colegas de Hais son personas muy especiales. No creo conocer gente más hospitalaria que esa –expresó al iniciar el abordaje–. Lo único que quiero recordarte es que no te debes dejar intimidar por el calor. Julio es el mes más caliente de todo el año, así que de ahora en adelante las cosas se irán enfriando –indicó.

Durante los 35 minutos de vuelo, Rami me hizo un recuento de su vida. Me contó cómo él y su mujer se habían conocido en Sudán, su tierra natal, hacía veinte años. Me relató su experiencia en Estados Unidos después de casarse con aquella misionera que lo había ayudado a ingresar en una

---

[11] La cuarta ciudad más grande de Yemen. Tiene una población de 400,000 personas y es la capital de la provincia de Al-Hodeidah.

universidad americana para cursar su maestría, y me describió la osadía de criar a sus dos hijos en Liberia, en plena guerra civil, mientras ambos dirigían proyectos humanitarios para los refugiados. Me pareció un verdadero héroe, percepción que confirmé con el paso del tiempo.

Con su tez blanca, nariz perfilada y ojos grises, Rami no encajaba con la imagen típica de los sudaneses, ya que más bien parecía europeo. No obstante, con más de cinco años residiendo en Yemen, conocía a fondo la intríngulis de la idiosincrasia yemenita, y por su perfecto dominio del árabe, su idioma natal, sabía camuflarse en aquella sociedad como si hubiera vivido toda su vida en ella.

Mientras el avión avanzaba cortando los afónicos paisajes con sus estrepitosas turbinas, las montañas que rodeaban la capital desaparecieron súbitamente, dándole paso a un vasto desierto que apareció sin preámbulo, agigantándose hasta estrellarse contra el Mar Rojo, donde terminaba la refulgencia de su centelleante soledad.

—Ya estamos casi llegando –dijo Rami cuando el avión empezó a descender.

La ciudad de Hodeidah, donde aterrizaríamos, se distinguía a pocos kilómetros. Desde las alturas parecía un hervidero de edificios grisáceos y anchas calles entrecruzando la árida desolación.

Cuando salimos del avión, sentí por primera vez el calor, aquel que se convertiría en mi más grande enemigo; mi karma, mi némesis. Una lluvia de fuego me embistió de repente atravesando mi cuerpo como un millón de dagas, haciendo que el tiempo se detuviera y causando que todo lo que me rodeaba (el avión, los pasajeros, el vapor que despedía el concreto) comenzara a moverse en cámara lenta, dirigiendo todo el peso de la tierra hacia mis hombros, mi cabeza y mis pulmones, que enguijarrados por el sorpresivo embiste, mermaron en la dureza de la tarde. Aquel calor no se parecía en nada a la calidez de mi tierra, la dulce tibieza caribeña que me acariciaba con ternura y hacía de mi isla un paraíso terrenal. No; esto era más bien un calor grosero, avinagrado, déspota, desprovisto de afecto, hecho para calcinar, para hervir, para incinerar. Esto era un calor no apto para el consumo humano.

Mientras nos ocupábamos de buscar las maletas y nos preparábamos para ingresar al vehículo que nos llevaría a nuestro destino final, traté de aparentarle a Rami que todo estaba bien.

—¿Qué te parece? —preguntó inquieto.

—Está soportable —mentí; mi ropa embadurnada de sudor delataba mi adulterada naturalidad, y mientras notaba en el tablero del automóvil que la temperatura alcanzaba los 49 grados Celsius.

Condujimos despacio, atravesando el desierto medio a medio, como si aquella última parada adonde nos dirigíamos se encontrara en las mismas puertas del purgatorio. Pueblecillos deprimidos salían de la nada, apareciendo y desapareciendo en la intolerable aridez que los sumía en un halo de indigencia y desesperación. Así pasamos los pueblos de Al-Husayniyah, Bayt-al-Faqih, Al-Mansuriyah, y Zabid. Parecían lugares habitados por fantasmas, lúgubres colecciones de caseríos y edificios maltratados que solo cobraban vida cuando nos tocaba pasar por el medio de algún mercado que se abalanzaba sobre la carretera. Dos horas después, Rami me indicó que habíamos llegado a Hais.

—Tu apartamento está en el último piso de ese edificio, el más alto de todo el poblado —indicó, mientras señalaba hacia una edificación de tres niveles que resaltaba entre las luctuosas condiciones que poseía todo a su alrededor, incluyendo a la horda de venduteros que con ropas deshilachadas y semblantes indiferentes vendían sus productos en un mercado exactamente igual a los que habíamos pasado anteriormente.

—Sé que no será fácil al principio, pero estoy seguro de que te adaptarás –añadió e indicó al chofer que siguiera hasta las oficinas del Centro de Rehabilitación.

Mientras nos dirigíamos al puesto de trabajo, la extrema miseria en la que se encontraba el poblado comenzó a soplarme sus vientos cargados de ansiedad. Sus calles sin asfalto reflejaban el sol como un espejo, haciendo que mis ojos se cerrasen y me dejaran acompañado de la oscuridad donde se había encuevado mi conciencia, que aullaba con desazón: "¡¿Adónde demonios me has traído?!"

Al llegar al Centro de Rehabilitación, volví a sentir el calor, que se había aliviado debido al fuerte aire acondicionado del vehículo. Un vaho putrefacto surcaba el ardor, proveniente de la montaña de basura que se apilaba en un solar baldío colindante con el local. El centro se encontraba en un edificio de dos plantas donde la pintura había comenzado a abandonar las paredes y donde antiguas máquinas de hacer ejercicio se encontraban dispersas por toda la recepción. En la recepción del local se encontraba un grupo de mujeres con rostros y cuerpos velados, y a unos metros de distancia, tres hombres extremadamente flacos sonreían, dejando entrever detrás de sus labios la urgente necesidad de un dentista.

Cuando bajé del automóvil, una ola de eufóricos aplausos surgió de todos los presentes. Los hombres me abrazaron y estrecharon mis manos, y las mujeres guardaron su distancia, limitándose a expresar su júbilo de manera verbal.

Nos dirigimos hacia una de las oficinas para proceder con la reunión, donde Rami introdujo a los empleados mientras cada quien indicaba su nombre y las responsabilidades que tenía en el centro. Dentro de aquella habitación el calor estaba concentrado, como si lo hubieran magnificado a través de una poderosa lupa. Mientras trataba de escuchar a mis colegas, la pesadez seguía anidándose en mi cabeza como un saco de ladrillos. No pasó mucho tiempo antes de que la habitación comenzara a dar vueltas, y la voz de Rami se derritiera en el ardor de aquel fuego poseído que sofocaba mis pensamientos.

—¡Hey! ¿Estás bien? –escuché a lo lejos.

—¿Y qué le pasó? –alguien gritó.

—¡No sé, búsquenle agua! –otro respondió.

Mientras recobraba la conciencia y me percataba que me encontraba en posición horizontal, media docena de rostros velados trataban de resucitarme con la vehemencia de sus miradas.

—Búsquenle agua y servilletas, que también sangra por la nariz –volví a escuchar en la lejanía.

Las mujeres se desperdigaron en busca de lo indicado, mientras los hombres se quedaron a mi lado tratando de comprender lo que me había sucedido.

—Parece que no ha soportado el calor –dijo Rami cuando me vio abrir los ojos.

—No es la primera vez que pasa –dijo Hussein, el mismo que un minuto antes se había introducido como el fisioterapeuta oficial del centro.

Mientras recobraba la conciencia, Nasif, que me enteraría después fungía como educador oficial del proyecto, susurró en tono compasivo, tratando de mitigar mi vergüenza:

—No te preocupes, amigo, que lleva tiempo acostumbrarse a este calor. A mí me ha costado toda la vida.

—Llévenlo a su residencia –dijo Rami–. Y denle tiempo a que se acostumbre a este clima infernal.

***

Ya en mi apartamento, me despedí de Rami, que partiría aquella noche hacia la capital. Allí me encontré arrinconado por un vacío que surcaba los confines de mis deseos, asentándose en mi pecho como una cortina de sombras. Estaba solo, abandonado en una tierra que no conocía, ajeno al jolgorio que brotaba del mercado como una indescifrable agonía, en medio de un desierto hostil que atentaba contra la firme convicción de haber tomado la decisión correcta. ¿Por qué me había obsesionado con la idea de vivir en el Medio Oriente? ¿Qué loco impulso me había traído hasta aquí, tan lejos de la realidad que conocía? ¿Vivir en este pueblo tan remoto era lo que realmente había querido?

Para librarme de las dudas, utilicé dos botellas de agua que me había dejado uno de mis compañeros de trabajo, ya que supuestamente el agua de la llave tenía una semana sin correr, y las vertí sobre mi tórrido cuerpo para apaciguar la insoportable sensación térmica. Alivié momentáneamente la incomodidad y me dirigí a la habitación. Desde las estrechas ventanillas se entreveía una insondable negrura, interrumpida por decenas de lucecillas titilando en el sigilo de la noche. Estaba fatigado, demacrado, listo para desempacar mis cosas y caer rendido sobre la cama.

***

Eran las cinco de la mañana. Estaba pegajoso, sucio, desvelado. Sentía rastros de arena en la boca, en la frente, en cada minúsculo rincón del cuerpo, como si me hubiese fundido con el desierto, un ente vivo, siempre presente, irremediable, insistente y ominoso. La cama se había convertido en una piscina de sudor donde yacía casi flotando. La oscuridad no invitaba al fresco. Todo lo contrario, la oscuridad parecía engendrar más calor, como si aquel dragón invisible que respiraba fuego se fortaleciera en las sombras, y hubiera elegido mi cuerpo para cubrirlo con su aliento.

Siempre había escuchado que muchos desiertos eran fríos cuando el sol se escondía detrás del horizonte, pero aquella teoría no parecía aplicarse al desierto del Tihama, que se incineraba como la boca de un volcán cuando la noche secuestraba su fulgor. Traté de observar mi incomodidad, desligarme de ella de alguna forma, verla como una sensación ajena a mí, una simple condición del cuerpo; pero eso no funcionó. Traté de bajar las defensas, de entregarme de lleno al oscuro llanto de la tierra que me empapaba con sus lágrimas de fuego, y eliminar por completo las dudas, las inminentes ganas de salir corriendo de la misma forma en que lo habían hecho todos los demás, pero eso tampoco dio resultado.

Ya cuando la desesperación estaba a punto de ganar la partida, los primeros rayos del sol volvieron a surgir en el horizonte. La noche había sido, y yo no había sido con ella. Cuando el megáfono de la mezquita local anunció el primer llamado a la oración, me sentí rescatado de aquella tortuosa experiencia que me había dejado exhausto, habiendo encontrado una razón para levantarme de la cama. Los habitantes de Hais ya comenzarían su jornada, y yo podría comenzar la mía con ellos. Ya se escuchaban los berridos de las cabras, el estruendo de los camiones, el zumbido de la arena jugueteando con el viento, los quejidos de los cuervos lacerando la mañana.

Y a pesar de que la noche por fin se había extinguido, sabía que durante otra larga jornada no tendría dónde esconderme. La condición sería clara y carente de sorpresas: el calor sofocante solo sabía retornar, y el olor a carne gastada volvería a inundar el ambiente, arreciando en cada grano de arena. Aquella realidad, que me embestía con toda su fuerza, decidida a doblegar mi espíritu, estaba muy lejos del Medio Oriente que había soñado, que había convertido en un Edén durante las ingenuas idealizaciones de las que está rebozada la juventud. En vez, había terminado en un lugar donde la debilidad no tenía cabida, donde no existían refugios para resarcir las penas. No había duda: ya éramos solo yo y el desierto, frente a frente, sin nada que decirnos.

***

Subí al techo a presenciar al pueblo de Hais levantarse de su largo ensueño. El sanguinario sol ya asomaba su cabeza sobre el horizonte, alzándose una vez más sobre el cielo como una bestia indomable, libre de cualquier rastro de nubosidad que pudiera debilitar su desazón. Una bandada de cuervos iba tajando el firmamento, graznando sus canciones de angustia por toda la vacuidad, y haciendo de aquellos chirridos un lamento colectivo que me envolvía por completo.

Desde allí pude vislumbrar a los habitantes del Tihama, que emprendían sus días ajenos, indiferentes a la condición del desierto. No entendía cómo sus rostros lucían tan apacibles, tan absortos en los triviales acontecimientos de sus vidas personales. Daba la sensación de que la inmutabilidad del paisaje se había quedado reflejada en sus almas, y ya nada les podría hacer daño. Nos separaban diez mil años de historia, un código sintáctico, un sistema de fe, y un millón de interpretaciones. Mis ojos no terminaban de adaptarse a la extrañeza del paisaje, como si un día me hubiera despertado y encontrara que el mundo como lo había concebido ya no era cierto, y donde el apocalipsis, trágico y silencioso, ya había hundido sus pezuñas en el alma de aquel pueblo y en aquella desolación que comenzaba a poblarme.

***

Salí del apartamento y me dirigí al mercado, donde se encontraban los únicos dos comedores del pueblillo. Allí, hombres desgarbados y cubiertos de sudor voceaban a todo pulmón para que les sirvieran el desayuno. Me senté en una silla plástica hilada con alambres que parecía el trono de un reino de moscas, y al nada apetecerme, pedí al ayudante que me trajera una pechuga de pollo. Como la carretera atravesaba el mercado medio a medio, los camiones que pasaban levantaban nubes de arena y humo que venían a custodiarme en la mesa.

Después de unos minutos de espera, el ayudante me trajo el pollo cubierto con un periódico, y cuando logré quitarle el papel, noté que los titulares en árabe se habían impregnado en la pechuga. Miré fijamente la pollo-revista tratando de decidir qué hacer, y resolví quitarle la piel a ver si encontraba algún bocado libre de noticias. Mientras terminaba de comer, un nerviosismo generalizado comenzó a esparcirse por el mercado. Los vendedores, que habían estado en relativa calma, comenzaron a guardar sus productos a toda velocidad, y de un momento a otro, el entorno cambió de color y el incómodo brillo dorado que había caracterizado el amanecer se opacó detrás de un insólito gris. Segundos después, un sonido estridente comenzó a escucharse, y en un abrir y cerrar de ojos, todos desaparecimos engullidos por una inmensa e inesperada tormenta de arena.

La borrasca atravesó el mercado, convirtiendo el desierto en una monstruosa aparición en cuya boca rugía el viento, exhalando la potencia de un millón de años de soledad. Sin mucho preámbulo, Hais se volvió solo sombra; los residuos de un crepúsculo que devoraba con ansias todo a su paso. Los entretejidos ventanales no aguantaban la ira del torbellino, que atacaba con violencia mientras lo sumergía todo en un mar de lija. Sin mucha algarabía, los pobladores caminaban con ojos entreabiertos hacia sus moradas, esperando a que el fenómeno los dejara en paz.

Deslumbrado por el acontecer, alcancé a montarme en una motocicleta para llegar a mi vivienda lo más rápido posible. Mientras avanzábamos, el motorista penetraba las paredes de arena que chocaban contra cada centímetro de piel. Mis ojos iban cerrados, incapaces de ser testigos visuales del acontecimiento. Al descender para pagarle al valiente, pude ver las luces de los camiones que viajaban hacia Tai'z, filtrándose entre el hálito dorado, avanzando por la turbiedad.

Subí las escaleras limpiándome las cuencas de los ojos hasta que por fin recuperé la vista. Cuando traté de abrir la puerta, una tenue resistencia se opuso a que entrara en mi apartamento. Al empujarla con fuerza, alcancé a evaluar el desastre: una tonelada de arena había penetrado en la vivienda, recubriendo cada metro de piso como una postilla infectada. Una costra amarilla cubría la mesa, los sillones, la cocina, mi escritorio y la cama. Tres ventanas golpeaban las paredes mientras la arena seguía haciendo de mi apartamento un palacio de sílice. Las cerré y observé desde allí la majestuosa fuerza de aquella brutal tempestad, que parecía estrangular a Hais en su propia materia.

Y desde aquel ventanal, ahogado en el elemento que constituía la esencia de aquel interminable desamparo, pude verlo claro: vivir en el desierto era un arte reservado para una sola raza de hombres, aquellos que dentro de sí habían cultivado la reciedumbre de miles de años de abatimiento; y yo, sin dudas, no era uno de ellos. El cordón umbilical del paisaje se reflejaba en aquel linaje de hombres y mujeres que me habían exiliado de aquel mundo desde que Allah[12] lo había creado. Ya estaba decidido: empacaría mis maletas y tomaría el primer bus hacia la capital.

Una extrema desilusión se apodero de mí, ya que nada ni nadie me hubiera podido preparar para sobrevivir en un lugar así. Era imposible llevar una vida decente en aquella sofocante vastedad, donde la soledad y la imposibilidad de tener acceso a comodidades básicas superaban cualquier intento de adaptación. Y sin mucho detenimiento, lo planeé todo: llegaría a la oficina, haría una reunión con los empleados y les informaría mi decisión de abandonar el puesto.

***

Me preparé para iniciar mi primer y último día de trabajo. Bajé al baño, me cepillé los dientes, y me enfrenté por primera vez al hoyo en el suelo donde se suponía que debía hacer mis necesidades. Ahí estaba un recordatorio de otras épocas, confirmando que solo éramos unos mamíferos

---

[12] Dios en árabe.

creídos, pero que a la hora de la verdad, cuando nuestras tripas implantaban su dominio y nos dejaban saber quién era el que mandaba, no teníamos más opción que rendir pleitesía a las formas originales, esas que jamás nos abandonarían. Al mirarlo con recelo, sentí que el agujero me devolvía la mirada, como si pudiera ver a través de la incomodidad que producía en mí su primitivo diseño, hasta que por fin decidí ponerme en cuclillas y terminar con el asunto.

La experiencia no resultó ser tan incómoda, hasta que llegó el inevitable momento del aseo. El papel sanitario, un artículo inaudito en aquellas partes del mundo, ahora era sustituido por una jarrita de agua con la cual tenía que enjuagarme a mano pelada. Por algo tenía la mano izquierda tan mala reputación por aquellos lares. ¡Carajo! Esto no lo mencionaron en la entrevista. Cerré los ojos, inspiré profundo, y procedí a efectuar la operación lo más rápido posible. Al sentir los desechos en mis manos, por primera vez me encontré enfrentándome a la displicencia de mi propia mierda. El defecar, esa satisfactoria exfoliación interna que antes me había servido para leer y pensar en cosas profundas, donde los resultados eran algo ajeno a mi propio cuerpo, ahora se había vuelto un duelo a mano cagada con mis propias deyecciones. Nada fácil. Respiré hondo y salí del baño. Ya era hora de irme. Para siempre.

***

Salí del edificio y me dirigí al mercado, donde una manada de motocicletas esperaba a los pasajeros que necesitaran volar por entre el pueblillo a toda velocidad. Los choferes andaban artillados con viejas sandalias, montados sobre sus bestias metálicas cubiertas de plumas coloridas, adornadas como si cada moto reflejara la personalidad de su dueño, unas más emperifolladas que otras. Cuando me aproximé al territorio donde estaban todos aparcados, se miraron en un frío silencio hasta decidir unánimemente quién me llevaría. Mediante una serie de crípticos gestos, el más viejo del grupo encendió su moto e indicó que me montara. Arrancó de inmediato sin preguntar adónde íbamos, intuyendo que el único destino plausible era el Centro de Rehabilitación.

Por el camino pedregoso soplaba una tibia brisa colmada de polvo. Mis ojos, abiertos a medias, observaban de reojo el paisaje, cargado de hombres y pobreza. Un pastor guiaba un rebaño de ovejas hacia un destino incierto, cruzando cerca de un grupo de hombres que desayunaban agachados en un círculo, devorando platillos ocultos por sus cuerpos. El viento levantaba espasmos de arena que se mezclaban con el misterio que brotaba de un grupo de mujeres cubiertas por sus velos, salpicando el paisaje de una mezcolanza de negro y dorado imposible de ignorar. La basura, náufraga y sin rumbo, estaba tan presente que se podía percibir con los cinco sentidos, como un constante recordatorio con el que se tenía que hacer las paces. Las escenas que iba revelando el paisaje evocaban películas de desastres nucleares, el sonido de una tiza rayando una pizarra, y una indefinible añoranza, resonando como un eco en la ancha soledad. Al llegar a la descuidada edificación donde se encontraban las oficinas, dos hombres me esperaban en la puerta con un grupito de platillos que habían colocado en el suelo.

—¡*Sabah-al-khayr*! Por favor, acompáñenos –dijo Hussein Yassin, un flacucho al que le quedaban pocos dientes, y que había sido el responsable de rescatarme de mi desmayo. Sus ojos, hundidos en el rostro, traían a flote una mezcla de alegría y caballerosidad.

Aunque ya había comido algo, me coloqué en cuclillas junto a ellos, que me hacían señas con las manos para que me sirviera mientras masticaban con gusto lo que tenían en sus bocas. El desayuno consistía en *laban*,[13] pescado y pan, una mezcla que parecía repugnante, aunque al probarla, me llevé la grata sorpresa de que sus componentes combinaban a la perfección. Los hombres me miraron sonriendo, percatándose de mi obvia incomodidad al comer en cuclillas, pero contentos de que compartiera con ellos el desayuno.

Las mujeres que trabajaban en la oficina fueron llegando una a una, ofreciéndonos un tímido *as-salaam-alaykum* y preguntándome cómo estaba, más que nada por cordialidad, ya que era obvio que no se sentían cómodas hablando con un hombre desconocido. Después, se internaron en sus respectivas oficinas y cerraron sus puertas. Minutos más tarde, empezaron a llegar las estudiantes, un grupo de discapacitadas que asistían a tomar clases de costura con la maestra Dina, una solterona de cincuenta años que por sus dotes de líder comunitaria, inspiraba respeto y cierto grado de admiración. Ninguna pareció reconocer nuestra presencia. Luego, la puerta del taller se cerró y escuché cuando se encendieron las máquinas.

Desde que terminamos el desayuno, comenzaron a llegar los pacientes. Hussein Yassin se colocó los guantes y recibió a su primer resignado del día, un anciano que había llegado cojeando, aquejado de un fuerte dolor de espalda. Hussein lo masajeó con todas sus fuerzas y transformó el rostro compungido del anciano en un suspiro de alivio. Subí al segundo piso, donde se encontraba mi oficina, y me encontré de sorpresa con lo que parecía un viejo aire acondicionado. Mis ojos se abrieron como dos luceros, hasta que volvieron a cerrarse cuando llegó un hombre en miniatura que dijo:

---

[13] Yogurt en árabe.

—No se ilusione, señor, que eso tiene muchos meses dañado. Por cierto, soy Tariq, el contable –en el mejor inglés que había escuchado desde mi llegada al pueblillo. Su minúscula complexión, débil semblante y cara simpática lo hacían ver como una caricatura dibujada en carne y huesos. Caminaba balanceándose de lado a lado avivadamente, como si fuera un personaje de dibujos animados–. Señor, cualquier cosa que no entienda, me deja saber, que le puedo también servir de intérprete –dijo, y agradecí una propuesta que no necesitaría debido a la decisión que había tomado con respecto a abandonar el puesto.

El día se fue volando, como pasan las horas cuando la novedad contagia los sentidos y los minutos parecen diluirse desprovistos de control. Al llegar la última hora de trabajo, decidí reunir a todos los presentes para informarles de mi decisión. El calor lo dominaba todo como un rey egocéntrico, obsesionado con la idea de estar siempre presente en la vida de sus súbditos. Los empleados fueron llegando uno a uno y sentándose hasta que por fin entró el último; cerré las puertas para dar inicio al anuncio. Las miradas de los presentes estaban henchidas de entusiasmo, como si todos fueran a recibir la noticia de sus vidas.

—Buenos días. Quería reunirlos para ponerlos al tanto de las últimas noticias –dije, y entré en pánico.

Aunque estaba decidido a informarles de mi determinación de partir aquella misma tarde hacia la capital, sus ingenuos semblantes cargados de optimismo me impedían comunicarles mis planes. Comencé dándoles las gracias a todos, y sin verdaderamente quererlo, terminé diciendo:

—Y sin duda alguna, llevaremos este proyecto hacia adelante con todas nuestras fuerzas –todos los presentes rompieron en un largo y tendido aplauso. Con ellos mirándome a los ojos y poniendo su querida clínica a la merced de mi escasa experiencia, no encontré las fuerzas para decirles que me iba. Fue allí cuando me di cuenta que era mejor aguantarse unos días.

Poco después de la reunión, me encontré con uno de los empleados en la puerta.

—Quiero invitarlo a comer –dijo Nasif, un erudito de treinta y cuatro años que tenía la piel pintada en el cuerpo, como si sus huesos conformaran su silueta y su carne sirviera como fina soldadura para mantenerlo unido. Con sus pómulos hundidos, ojos radiantes, y dócil carácter, me enteraría más tarde de que Nasif era el hombre más instruido de todo Hais, dueño de dos maestrías en Educación con las cuales se había ganado el puesto de pedagogo oficial del proyecto.

—Pues yo feliz de ir a tu casa –dije, agradado por el hecho de contar con compañía después de terminar el día de trabajo, y pensando que sería más fácil ejecutar el plan de abandono si informaba a los empleados uno a uno. Mientras nos dirigíamos hacia su residencia y atravesábamos los estrechos laberintos que hacían de Hais un impenetrable panal de abejas, decenas de ojos se posaban sobre mí. Nasif, siempre sonriente, me introdujo a todos aquellos que parecían estar cautivados por mi reciente presencia.

—Este es el nuevo director del proyecto –les decía mientras todos se ponían la mano derecha en el pecho y abalanzaban sus cabezas hacia delante en señal de respeto–. Y es de la República Dominicana –añadía, dejando a todo el mundo con semblante confuso.

El olor a pescado fresco sometía el ambiente con su indelicado perfume, retado solamente por la copiosa cantidad de basura que hacía de los pasillos interiores del poblado un revoltijo de senderos malolientes. Cuando llegamos a su casa, lo primero que hizo Nasif fue avisar a las mujeres que un hombre estaría de visita, voceándoles a todo pulmón desde la puerta, y añadiendo que debían trasladarse a sus alcobas hasta que nos instaláramos en la pequeña habitación donde servirían la comida.

Cuando logramos entrar, noté que todas las camas estaban postradas afuera, como si hubieran estado allí secándose al sol. Al notar la sorpresa en mi rostro, Nasif dijo:

—Aquí, en el desierto del Tihama, nunca dormimos dentro de nuestras casas. El calor de la noche nos invita a que conciliemos el sueño bajo las estrellas, más que nada para sobrevivir al calor. Luego que terminamos las faenas y atendemos los asuntos del hogar, nos recostamos en nuestros lechos a observar el cielo. Así que te recomiendo que evites dormir dentro de tu apartamento, ya que como puedo ver en tu rostro, no has dormido nada –dijo, guiándose seguramente por las profundas ojeras que tenía yo bajo los ojos.

—Nasif, acuérdate de que no tengo patio –contesté.

—No tienes patio, pero tienes techo –dijo, guiñándome el ojo y desvelando una menuda sonrisa.

Al sentarnos en la humilde habitación donde estaban los platillos servidos en el suelo, Nasif indicó que me quitara los zapatos y me lavara las manos. Nos acompañaban su hermano y su cuñado, que también recién llegaban de sus respectivos trabajos. En el suelo había una manta donde habían colocado un plato de arroz amarillo adornado con *hanid*, un cordero cocinado bajo tierra; *bint-al-sahan*, una bandeja de pan horneado cubierto con la más exquisita miel; y un platillo de ensalada para amenizar la comida. Cuando noté que sobre la manta no había platos individuales, ya era muy tarde. Los tres hombres procedieron a sentarse en cuclillas y a utilizar sus manos para llevarse la comida a la boca. Metí la mano en el arroz y traté de hacer lo mismo, generando de inmediato que una avalancha de granos cayese sobre mi ropa.

—Obsérvame a mí –dijo Nasif tomando el arroz con sus manos y dándole forma de embudo para llevarse los granos a la boca sin dejar caer ni una pizca–. Así es que se hace –y sonrió provocando que los demás hombres se rieran a carcajadas. Aunque traté una docena de veces, los granos seguían aterrizando en todas partes menos mi boca.

—No te apures, ya aprenderás –dijo su hermano, que al terminar de comer se disculpó y se fue a lavar las manos.

Cuando los demás terminamos, Nasif me invitó a masticar *qat*, invitación que acepté debido a la curiosidad que tenía en torno a probar aquella hoja, que parecía mantener a toda la nación subyugada.

***

—Primero iremos al mercado a comprar nuestros ramilletes –dijo el erudito tomándome de la mano y halándome emocionado hacia la calle.

—Cojamos este atajo –comandó, dirigiéndome por entre una turba de hombres urgidos.

Momentos después, salimos a una explanada donde decenas de pequeños estantes recubiertos de ramilletes de *qat* se apilaban agobiados por la muchedumbre. Frente a ellos, compradores y vendedores arreciaban unos contra otros tratando de negociar la dosis del día, enfrascados en una interminable lucha verbal. Los ramilletes, que variaban de precio según el tamaño y el color de las hojas, eran tratados con suma delicadeza.

—Toda nación necesita su droga. Ustedes tienen el alcohol, y nosotros tenemos el *qat* –dijo Nasif pasándome un ramillete envuelto en una funda plástica–. Ahora, disfrutemos esta delicia.

Aunque la organización había prohibido el consumo a todos los administradores de proyectos, estaba claro que la decisión de no masticar la hoja constituiría un suicidio social que ningún yemenita perdonaría a un extranjero. En mi caso, que me encontraba aislado de toda influencia extranjera, decidí unirme al clan de los masticadores de *qat*, aunque fuera para poner punto final a mi breve experiencia como director.

—*As-salaam-alaykum* –dijeron al unísono los amigos de Nasif cuando entramos a la salita donde pasaríamos la tarde.

—Bienvenidos a mi humilde morada. Te puedes acomodar por aquí –dijo Nawar, un amigo de infancia de Nasif, mientras acondicionaba un rincón de la sala para que nos sentáramos.

El silencio imperaba en la habitación, como si las palabras estuvieran todavía esclavizadas bajo las anclas de la realidad. Después de acomodarme lo mejor que pude, arranqué una docena de hojitas y me las eché en la boca. Cuando comencé a masticarlas, un fuerte sabor amargo arremetió contra mi paladar, y por la falta de práctica, me tragué algunas.

—Tienes que guardarlas debajo del buche –dijo uno de los hombres, a quien ya comenzaba a vérsele el cachete inflado y los ojos tristones–. Y luego te debes quedar muy quieto para así sentir cómo te invade el sentimiento.

Continuamos masticando, intercambiando palabras esporádicamente. Media hora después, empecé a sentirlo: una ligereza que comenzó a expandirse en la boca del estómago, sensación que fue traducida en palabras, muchas palabras expelidas por todos los presentes, disipando el silencio que había reinado durante la primera parte de la sesión. Mis pensamientos comenzaron también a agilizarse, y por momentos tuve la extraña sensación de que tenía toda mi vida conociendo a aquellos personajes que masticaban sus penas al desierto. La hoja, sin duda, había transformado el espacio que separaba a cada hombre, haciendo de aquel vacío un túnel donde la conexión humana era algo más palpable, más fácil de emprender con el *qat* liderando el camino.

Con el pasar de las horas, comencé a entender la fascinación que tenía el *qat* en aquel desierto donde el placer era algo escaso, solo una efímera sombra en un mundo donde la realidad tenía que ser paliada con cualquier cosa que permitiera la supervivencia. Ya cuando el sol comenzó a esconderse detrás de las dunas, nos despedimos de los hombres y pasamos por la cantina de Mohammed, una cafetería que consistía en un grupo de sillas resguardadas bajo una lona agujereada, por donde desfilaron manadas de hombres que habían terminado de masticar, y donde coronamos el paladar con un endulzado vaso de té con leche.

Después me despedí de Nasif y llegué a mi apartamento con la mente todavía excitada, sin saber qué demonios hacer para canalizar todo ese brío que fluía en mis adentros. Mientras caminaba agitado por la casa, me llegó a la mente una idea: comenzaría un blog donde plasmaría todo lo que estaba viviendo en aquel pueblillo, y claro está, lo iniciaría escribiendo sobre el estremecimiento que todavía sentía circular por mis venas. Me senté frente a la *laptop*, y sin acordarme de mis planes de abandono, arranqué escribiendo la primera entrada:

Bajo el hechizo del qat

Blog desde Yemen
26 de julio de 2009

Son las dos pe eme; la hora favorita en Yemen. El aire está tupido y denso; la desesperación ya es un síntoma inseparable del ambiente. Los negocios han comenzado a cerrar, las transacciones de negocios a posponerse, las responsabilidades a disiparse en el estupor del abandono. Solo el mercado de *qat* brota de viveza. En este, cada hombre lucha por los mejores ramilletes de su más preciada droga, tratando de vaticinar el tono de melancolía que la tarde le traerá, que dependiendo de la calidad de la hoja, tiznará sus horas de despertares o de una escueta sensación de euforia. Una ardua batalla se libra entre compradores y vendedores, un enfrentamiento que ocurre todos los días, hombre contra hombre, sudor contra sudor, el duelo universal entre el adicto y el suplidor.

Ya son las tres pe eme. Muchos han llegado a sus hogares y se han reunido con sus amigos, listos para comenzar el ritual que sintonizará a todo el país en la misma frecuencia. A medida que cada hombre mastique, así mismo se irán transformando las calles, las conversaciones, la velocidad de los vehículos, la intensidad de las bocinas, la presión sanguínea, la dilatación de las pupilas, las miradas, las invitaciones, las posibilidades, las sonrisas, la vida misma rebozando incontenible, incrementándose junto al pulso de una nación que comenzará a latir frenéticamente, como si se acelerara la tierra misma, el mismo espíritu ensordecedor que penetrará el alma de cada quien, imbuyéndola de su soplo salvaje.

Ya los yemenitas han comenzado a masticar, todos al son de un compás de bocas amargas y corazones contentos. A medida que las hojas se vayan echando bajo el buche, los rostros se irán inflando como vejigas listas para echarse a volar por los laberintos del encanto. Y esos que buscan sentirse más yemenitas que los demás trataran de masticar más hojas, ensanchando sus semblantes hasta parecer caricaturas, caras transformadas en hipérboles, rostros sumidos en ficción. Y luego solo importarán los chismes locales, los amores prohibidos, las frustraciones, las pugnas, Arabia Saudita, Israel, Palestina, Jesús, Mahoma, y ya cuando el efecto del *qat* se acentúe en el juicio de cada hombre, las bocas se cerrarán y el silencio se volverá prioridad. Como si el hablar ya no fuera necesario porque todo está dicho, y solo el ser es imprescindible.

Son las siete pe eme, hora de escupir las hojas, enjuagarse la boca y postrarse para efectuar la última oración del día. Los pensamientos están volátiles, escurridizos, como arena que se cuela entre los dedos, incapaces de ser dirigidos, moldeados en algo que albergue sentido. Cada hombre se siente más conectado al sosiego del desierto, más cerca de todos los demás hombres que irradian la misma mirada penetrante, como cómplices del mismo sentir, la misma sensación de levedad que aliviana el vivir. Una taza de té corona la ligereza, antes de que todos regresen a sus hogares, sosegados y taciturnos, listos para encontrarse con sus mujeres que, al igual que ellos, han rumiado la tarde suspendidas en las discretas reiteraciones del paladar. Y allí las ansias terminarán de disiparse, las intensidades del *qat* se menguarán cuerpo con cuerpo mientras hombre y mujer se enfrentan ahora más sensibles, más preparados para lidiar con la brutalidad de un desierto que los mantiene a raya, dispuestos a seguir girando en la eterna rueda del *qat*, que consumirá las horas de sus días hasta que se extingan en la arena.

***

Aunque me habían dicho que el 80% del efecto del *qat* era sugestión social, y el 20% sobrante una mezcla de dos tazas de café expreso con un cc de melancolía, sus efectos en realidad no eran tan sencillos. Sus principios activos son los alcaloides psicotrópicos catina y catinona, dos moléculas psico-estimulantes derivadas de la fenetilamina, una molécula emparentada químicamente con las anfetaminas. De ahí la sensación de euforia y bienestar que me había arropado durante las últimas horas, y la explicación de que una hoja sea capaz de volcar a una nación completa hacia su consumo diario. Cultivada principalmente en Somalia, Kenia, Etiopía y Yemen, la hoja se había infiltrado en la cultura de estos países desde que se comenzó a cultivar hacía más de quinientos años, y aunque en principio había sido utilizada solo por las clases adineradas, en el último siglo se había convertido en un fenómeno social común entre ricos y pobres.

Esa tarde descubrí que el *qat* era el circo de aquella nación, el lubricante social capaz de derribar las tensiones de una sociedad saturada de armas, donde no existían las fuentes tradicionales de diversión tan comunes en Occidente. Como dijo uno de los presentes al ver mi boca arreciar con la amargura:

—Cuando a un pueblo le prohíben el alcohol y le dificultan el contacto con las mujeres, ¿qué más puede hacer?

Y como agregó Nasif poco después:

—Acostúmbrate, que sin *qat* no hay Yemen.

***

Después que el efecto del *qat* saliera de mi cuerpo de la misma forma en que había entrado (repentino y sin aviso), la necesidad de dormir tomó prioridad por encima de todo lo demás. El calor y la crónica falta de sueño estaban interfiriendo seriamente con mi bienestar. A las nueve de la noche, el apartamento parecía un crematorio listo para calcinar al cadáver más recio. Dormir en aquella habitación, concluí, era misión imposible. Allí noté por primera vez el exagerado tamaño del colchón donde había dormido la noche anterior, como si la posibilidad de compartirlo fuera algo remotamente posible.

"Pero tienes un techo", había dicho Nasif. Sus palabras me molestaban, hundían sus incómodas dentaduras en la irritación que me carcomía. ¿Cómo era posible que todas las noches tuviera que arrastrar el colchón tipo *queen* hasta el jodido techo? Alrededor de las diez, y concluyendo que aquella temperatura no bajaría, halé el colchón por una esquina y me dispuse a cargarlo hasta la azotea para ver si el sueño por fin se dignaba a dejarme escapar de aquella viscosa realidad, al menos por unas cuantas horas.

Acomodé el colchón en medio de la terraza abierta y cerré la puerta de metal que daba acceso a la azotea para prevenir que cualquier visitante inesperado me encontrara tirado allí, más indefenso que nunca. La luna ya se había colocado como una claraboya que inundaba de luz cada centímetro de aquella vastedad de arena. Nunca antes había visto tantas estrellas apiñadas. Parecían un millón de luciérnagas que en cualquier momento caerían a la tierra llevándose con ellas el oscuro tejido del cielo. Dejé mi cuerpo caer en la suavidad del colchón, y cerré los ojos sintiendo al desierto abrazarme en un cálido apretón.

Aunque el caliente seguía allí aturdiéndome sin piedad, la brisa que provenía del Mar Rojo mantenía mi cuerpo seco. No pasó mucho tiempo antes de que el sueño raptase mi conciencia, pero dejándome allí donde me había acostado, en aquella solitaria azotea que ahora se llenaba de sangre, turbada de un olor a cenizas que se mezclaba con el rojo saturado que me rodeaba, desde donde se avistaba el poblado de Hais siendo engullido por llamas que se alzaban hasta el firmamento. En el sueño, me podía ver desde arriba, agarrado del colchón que flotaba solitario, zozobrando en aquel delirio que estaba a punto de extinguir mi atormentada existencia. Me levanté tembloroso, espantado por el *Allahu akbar*[14] que retumbaba de la mezquita de en frente y anunciaba el primer llamado a la oración para recordarnos que existía un ente superior, más grande que todas nuestras dificultades.

Mis ojos seguían letárgicos, como si a pesar de la pesadilla, mi cuerpo todavía no estuviera listo para reintegrarse de lleno a las exigencias de aquella realidad. Una hora más tarde, cuando ya comencé a sentir el inclemente sol sobre mi rostro, volví abrir los ojos, pero esta vez un paisaje distinto adornaba el techado: el borde de la azotea estaba repleto, abarrotado por aves de rapiña que me incrustaban sus famélicas miradas, saltando unas al lado de las otras, empujándose plumaje con plumaje, tratando de estar más cerca del exótico manjar que había cambiado el paisaje de su monótona visión, y que ahora se encontraba indefenso, ajeno a la impiedad que sobrevolaba la crudeza.

Me quedé inmóvil, petrificado por la espeluznante visión ahogada en silencios, sobre todo al percatarme de que las aves hacían todo lo posible para que no cayera en cuenta de que me velaban como a un despojo listo para ser devorado.

---

[14] Frase islámica llamada *takbir* en árabe. Significa "Dios es más grande", o "Dios es el más grande".

Sus plumas de azabache contrastaban con el flameante azul del cielo, que una vez más llegaba sin nubes, descamado como una poesía sin palabras. Empecé a sentir que era una presa, un sencillo trofeo de aquel desierto que clamaba por mi sangre, que le fastidiaba la foránea génesis de mi pasado, esa distinta fragancia con la que había llegado a su territorio.

No pasó mucho tiempo antes de que mi instinto de supervivencia se reconectara y el hombre primitivo que llevo dentro saliera de su cueva, haciendo que me parara con las manos al aire y ahuyentara a las sanguijuelas voladoras que querían picotearme en vida. No era posible que después de la osadía de haber llegado tan lejos, abandonara el campo de batalla sin siquiera haber echado la pelea. Me quité la ropa y me quedé desnudo velando al desierto para verterme dos botellitas de agua que había comprado la noche anterior. Y en aquella desnudez, en aquella total vulnerabilidad, me sentí más invulnerable que nunca. Como si un rayo de luz se hubiera colado en un espacio muy oscuro, me invadió una epifanía, una certeza de que aquel desierto no me vencería. Alcé nuevamente las manos al cielo, elevé la mirada por encima de toda la vastedad, y por un instante que pareció eterno, me sentí capaz de vencer al mundo.

Capítulo II

Llegué a la oficina con energías renovadas. Era obvio que la realidad que había percibido al llegar a Hais cambiaba y ahora podía observarlo todo con nuevos ojos. Me reuní con los hombres, que al igual que todos los días desayunaban frente a la oficina sentados en cuclillas, y me dispuse a ejercer las funciones para las cuales me habían contratado. Las mujeres comenzaron a llegar unos minutos después y nos susurraron un *as-salaam-alaykum* antes de proceder a encerrarse tras puertas cerradas.

—Hussein, ¿y cómo seré capaz de monitorear el trabajo que hacen las mujeres si no puedo verlas mientras trabajan? –pregunté.

—Bueno, señor, usted tendrá que buscar la manera de hacerlo como pueda. No es natural para ellas tener que trabajar en este tipo de ambiente, pero sobre todo el hecho de tener que hacerlo junto a hombres que no son sus familiares siempre les trae inconvenientes en sus hogares. Le recomiendo que no las lleve muy de prisa, y si necesita hacer algún ajuste en ese ámbito, hágalo de manera muy sutil y a su debido tiempo –dijo Hussein.

—El problema es el rostro –dijo Nasif–. Se les hace muy difícil ejercer sus labores con el velo puesto. Por esa razón cierran sus oficinas y se descubren el rostro para así trabajar más a gusto. Lo que generalmente hacemos es tocar a la puerta, esperar a que se cubran y nos den permiso para proceder –explicó.

—¿Y cómo sabré qué están haciendo todo el día? –pregunté.

—Eso es algo que dejaremos que usted mismo descifre –dijo Nasif sonriendo–. La dificultad es que aquí en Yemen pagamos tanto por nuestras esposas, que cuando ya las tenemos, sentimos que nos pertenecen. Por ejemplo, desde que me casé con mi mujer adquirí el derecho de decirle con quién puede estar, cuándo puede salir, qué puede y no puede hacer, en fin, lo que considere más beneficioso para nuestra familia y nuestro matrimonio. Y desgraciadamente, todas estas mujeres están bajo la tutela de sus maridos o de sus padres, que como usted pronto apreciará, las mantienen a raya incluso aquí en la oficina. Debido a los altos costos que nos representan a la hora de pagar la dote, después que el nudo se amarra, la mujer pasa de estar bajo la tutela de su padre a la de su marido. Sé que para usted esto debe sonar un poco extraño, ya que conozco la manera en que este tema resuena en tierras occidentales, pero es la dinámica que siempre ha existido en estos predios. Aunque no se apure, mi señor, estoy seguro que usted se adaptará –dijo posando su mano en mi hombro, como consolándome por una realidad que me superaba en fuerza y antigüedad.

Después que terminamos la charla, subí a mi oficina pensando en el reto colosal que tenía frente a mí. No pasó mucho tiempo antes de que se hiciera evidente lo difícil que iba a ser trabajar en una sociedad donde me era imposible lidiar con las mujeres de manera directa, sobre todo cuando era responsable de supervisar a siete damas yemenitas.

Desde un principio supe que mi relación con el mundo de las mujeres iba a estar saturado de una asfixiante sensación que me afectaría de manera directa, ya que a diferencia de todos los demás hombres estaba condenado a vivir en una abstinencia forzosa, rodeado solamente de la tosquedad que caracterizaba al hombre yemenita. Pero eso ya lo sabía. Había elegido vivir en las entrañas de una civilización dividida bajo la sombra de un género que estaba silenciado, escondido como un tesoro para ser apreciado detrás de puertas cerradas. Y mi penitencia como hombre extranjero, concluí, era que tenía acceso solo a una parte de la experiencia yemenita. Para conocer la otra mitad, tendría que volver a nacer.

***

El Centro de Rehabilitación de Hais era una isla de sosiego dentro de un mar de carencias, pues calmaba el dolor a cientos de personas deseosas de poner fin a sus sufrimientos. Sus oficinas se levantaban entre las majestuosas dunas y le vendían esperanzas a los que el destino había condenado, pues era una de las pocas clínicas del área donde profesionales capacitados trabajaban de manera gratuita. Con cuatro pequeñas áreas de tratamiento, sus instalaciones eran lideradas por un equipo de once personas, las cuales habían sido contratadas por sus habilidades en distintas ramas. El centro estaba equipado para servir de apoyo médico y social a todos los discapacitados de la zona.

Habiendo sido fundado por la Iglesia Adventista hacía ya seis años, el centro era un ejemplo de fe para quienes pensaban que una contrariedad religiosa como aquella jamás florecería en tierra de musulmanes conservadores. Tres años antes de que llegara a sus puertas para liderar el equipo, el centro había sido reciamente atacado por los líderes religiosos locales, que pusieron en tela de juicio sus intenciones y llegaron a acusar al centro de proselitismo, generando un fuerte rechazo por parte de la población local.

En aquel momento, el gerente que comandaba el centro tuvo que ser evacuado a la capital, hasta que los empleados locales convencieran a las autoridades religiosas de que estaban allí solo para ofrecer servicios médicos a los discapacitados. Durante casi seis meses, un valiente equipo de fisioterapeutas batalló contra las amenazas de su propio pueblo, ofreciendo servicios de alta calidad a aquellos que se atrevían a pisar sus confines y a pesar de la escasa instrumentación con que contaban. El poblado de Hais sencillamente no estaba preparado para lidiar con ninguna organización que se autoproclamara cristiana.

—Enfrentamos a un grupo de adolescentes que nos arremetieron con piedras y destrozaron todas las ventanas del local –comentó Nasif una mañana mientras desayunábamos en cuclillas frente a la oficina.

—Y no te olvides que pasamos días atemorizados debido a las amenazas de algunos hombres de la comunidad –agregó Hussein.

—¿Y cómo lograron que los aceptaran? –pregunté.

—Lo que cambió todo fue nuestra primera incursión en el área de cirugías para niños con labio leporino –dijo Nasif.

—Así es –dijo Hussein–. Dentro de ese primer grupo estaba el hijo recién nacido del gobernador, y eso lo cambió todo –agregó.

—De un día para otro, el proyecto se convirtió en un icono de esperanza para todos aquellos enfermos que no tenían los fondos suficientes para viajar a la ciudad a tratarse –dijo Nasif.

Cuando finalmente entramos a la oficina y divisé las rústicas máquinas de ejercicios, los deshilachados colchones, así como el entusiasmo y la persistencia de estos héroes con los que trabajaba, que se entregaban en cuerpo y alma al trato de los discapacitados, aprecié la importancia del trabajo que hacían en aquella miserable región, y me di cuenta de los milagros que se pueden llevar a cabo cuando existe la voluntad y la persistencia para forjarlos.

La fuerza del Islam

Blog desde Yemen
8 de agosto de 2009

Con el pasar de los días, he llegado a la conclusión de que Hais es un océano de arena que flota a la deriva de Allah. Como el viento, que reconvierte la forma del desierto según los caprichos de su diario acontecer, así mismo las almas del Tihama están moldeadas por las ideas coránicas, que estampan sus pautas en la esencia de cada poblador. La palabra *islam*, que literalmente significa *sumisión*, es el reflejo más puro del carácter yemenita. En esta entrega total de la voluntad individual, el yemenita se afinca en su presente de manera absoluta, dejando su futuro a los antojos del destino, y su pasado remitido a cada oración y a cada unión de su frente con la tierra.

Todas las madrugadas, justo antes que salga el sol, mientras mi cuerpo se evapora junto al efluvio que despide el techado donde yazco inmóvil, un bullicio enardecido se despliega en las calles de Hais. ¿Quién podrá ser, me pregunto, entre las quimeras sudorosas de anhelos pasados y futuros inciertos, que se atreve a irrumpir con tanta vehemencia en el frágil sueño que me ha dado tanto trabajo cultivar? Cuando me levanto y alzo la mirada sobre el horizonte, el culpable siempre está allí, con sus altoparlantes apuntando hacia el cielo. Es la mezquita local, por supuesto. ¿Qué otra religión tiene tanta influencia en la vida de sus seguidores, que es capaz de levantarlos a todos a la más fastidiosa hora de la madrugada? Con esta tiranía dogmática doblegando la calidad de mi sueño, he llegado a la conclusión de que el fervor religioso de todos los habitantes de Occidente no es capaz de llegarle ni remotamente cerca al intenso entusiasmo que exteriorizan los seguidores de Mahoma.

Anoche, después que pasó el bullicio, traté de regresar al colchón ardiente para continuar la búsqueda del descanso perdido. Aunque ya eran las cinco y media de la mañana, uno de mis vecinos prendió su radio y sintonizó una emisora donde los versos del Corán eran cantados sin pausas, a veces entonados por lo que parecía una niña, y luego por un hombre con una voz muy ronca. Aunque sabía a ciencia cierta que había otros vecinos tratando de dormir igual que yo (me los imaginaba poniéndose almohadas sobre sus cabezas), nadie se atrevió a levantarse y decirle que bajara el volumen. ¿Y quién se atreve a decir algo que pueda ser tomado como una ofensa a la palabra literal de Dios? Pues nadie, y menos este extranjero de tierras lejanas, así que continué tratando de conciliar el sueño a toda costa, y al final quedé hipnotizado con el repetitivo mantra que todavía tengo en la cabeza, como si aquellas ondas de sonido estuvieran atrapadas en las sinapsis más profundas de mis neuronas.

¿Qué tiene esta región capaz de engendrar y esparcir las tres religiones más poderosas de los últimos milenios, influyendo a todo el globo con su imparable fervor? Mientras sigo en mi cama, en esta cálida noche desértica, pienso que podría ser la tajante convicción que surge de este espacio en blanco y negro, donde lo que se considera verdad no tiene oportunidad de ser matizado, y donde la mente humana, al encontrarse frente a frente con esta sensación permanente de estar mirando hacia el fondo de un abismo, adquiere esa fuerza, esa pujanza capaz de llenar el vacío con esperanza y los espacios muertos con fe. Aunque en este momento me es imposible pensarlo, sé que algún día recordaré nostálgico el despertarme al son de esta omnipresente religión que penetra todos los espacios que existen en este imperio de arena embriagado de la idea de Allah.

***

Una mañana, justo después de arrancar la jornada de trabajo, recibí un correo electrónico que me dejó pasmado, sobre todo después de leer el nombre de la remitente:

No he podido sacarte de mi mente. Te pido que cuando vengas a Sana'a me avises para que me permitas enseñarte la ciudad. Me puedes responder a este correo, o mejor todavía, darme un timbrazo y esperar a que te devuelva. Sí, me tienes en tu lista de contactos.
Te espero,

Maha

El correo me sacó todo el aire del cuerpo de un tirón. El hecho de leer un mensaje proveniente de una mujer yemenita a la que nunca había visto el rostro, en una tierra donde tal dinámica podría traer graves consecuencias, me regresaba a esos años de la temprana adolescencia cuando todo lo relacionado con el sexo estaba imbuido de esa fuerza hipnótica a la que era imposible resistirse. Debido a la aplastante soledad que venía sintiendo desde mi llegada a Hais, no existía en toda la tierra la suficiente voluntad para prevenir que me lanzara hacia eso que me seducía, hacia eso que tomaba mi cuerpo como punto de anclaje y lo utilizaba para sus fines ocultos. Maha me estaba tentando, y yo estaba listo para caer en su embrujo.

***

Durante aquel verano, los días en el Centro de Rehabilitación transcurrieron como ríos de miel de abeja: lentos y carentes de sorpresas. Me sentaba todas las mañanas frente a la computadora y escribía los reportes que tenía que mandar a la capital, y después escuchaba la incesante verborrea del contable Tariq, que tenía una imperante necesidad de pasarse el día practicando su inglés. Después, me dirigía al primer piso, donde se llevaba a cabo toda la acción clínica, y supervisaba a los fisioterapeutas mientras ejercían sus labores. Durante aquellos meses de verano, concluí, trabajar en un ambiente como aquel nos mantenía a todos catatónicos, como si nuestros cuerpos fueran incapaces de salir de un continuo estado de fatiga. Aunque el horario de oficina estaba pautado hasta las tres de la tarde, todos los días tenía que luchar con los empleados para que lo cumplieran porque ya a la una y media querían salir huyendo a refugiarse bajo las alas del *qat*.

Una tarde, ya finalizando el verano, decidí ponerme unos pantalones cortos y salir a correr. Tenía casi tres meses sin hacer ningún tipo de actividad física, y debido a las constantes invitaciones a hogares donde siempre me recibían con un festín, las libras de más comenzaban a molestarme. Salí del apartamento alrededor de las cuatro de la tarde y decidí correr hasta el Centro de Rehabilitación. Comencé a trotar lentamente por entre el mercado donde se encontraba mi residencia, y luego tomé la calle principal de Hais, cuyo trayecto finalizaba en la clínica.

Lo primero que noté al dar las zancadas iniciales fue la inusitada reacción de algunos pobladores, que después de desplegar una expresión de absoluto terror, se levantaron de sus sillas y me abordaron como si fuera su deber salvarme de algún inminente problema del que huía a toda velocidad. Algunos de ellos corrieron hacia mí y me preguntaron sobrecogidos: "¿Hermano, qué pasa? ¿Estás bien?"

Después miraban hacia atrás, como tratando de avistar el animal salvaje del que pensaban que huía, preparándose para defenderme de aquello que me había incitado a correr. Tuve que pararme tres o cuatro veces durante los primeros quinientos metros a explicarles que no pasaba nada, diciéndoles que solo quería hacer un poco de ejercicio, pero eso no parecía convencerlos. Después de cada inútil intento de hacerme entender, los dejaba con expresión confusa, preocupados por no comprender qué estaba ocurriendo. Debido al pánico que iba creando a medida que atravesaba las calles del pueblillo, decidí poner fin al asunto. Correr era algo tan anómalo en Hais que era mejor utilizar aquella expresión natural del cuerpo para momentos de emergencia.

Una semana después, conseguí que uno de los empleados me trajera una bicicleta de la capital para así no tener que alarmar a la población cada vez que saliera a correr. De esta manera, pensé, podía hacer ejercicios y tenía la libertad de explorar lugares que estuvieran aún más lejos. Estaba emocionado, hasta que por fin llegó la bicicleta. Al salir de mi vivienda, la reacción fue inmediata, aunque esta vez no fue el terror de mis huéspedes lo que incidió en mi decisión de jamás volver a hacer ejercicios, sino una risa explosiva de todo aquel que posaba sus ojos sobre mí. Primero fueron los hombres del mercado, que al verme encaramado sobre aquel artilugio alienígeno se abrazaban el estómago y se encorvaban de la risa. Ocurrió lo mismo con los niños que regresaban del colegio, y poco después, le ocurría a todo ser vivo que me atrapaba en la periferia de su visión. Al parecer, la bicicleta era un pasatiempo puramente infantil por aquellos predios, y al ver a un hombre ya maduro pedaleando, les daba la impresión de que estaban ante un payaso en plena labor. Después de sentirme abochornado por convertirme en el hazmerreír de aquella tarde de mediados de agosto, decidí devolver la bicicleta y no fastidiar más con nada que no fuera una buena masticada de *qat* junto a mis amigos yemenitas.

***

Nos despedimos del verano y le dimos la bienvenida al mes de Ramadán,[1] que vendría a cambiar todo el panorama. Una semana antes de que iniciara, prometí a todos mis colegas que haría el ayuno con ellos en señal de solidaridad, para así no ser el único en el pueblecillo comiendo mientras todos los demás pasaban hambre. Y un día como cualquier otro, llegué a la oficina y me llevé la sorpresa de que los hombres no me habían guardado desayuno. Había llegado el mes de Ramadán y ya el ayuno había comenzado. Adiós calor horroroso y hola hambre, fue lo único que pensé cuando Hussein y Nasif me miraron con sus ojos cargados de complicidad, y con una seña les confirmé que sí; estaría llevando a cabo el ayuno con ellos.

---

[1] Es el noveno mes del calendario islámico, el mes en que el Corán le fue revelado a Mahoma. En este mes se guarda ayuno durante las horas de sol.

Noches de Ramadán

Blog desde Yemen
21 de agosto de 2009

Soy uno más en esta jauría de hombres hambrientos; todos estamos concentrados en el contenido de nuestras mesas. Las bocas están selladas; ya nadie tiene fuerzas para dialogar. El primer día del mes santo está casi llegando a su final, y me he dirigido a la casa de Nasif a poner fin a una decena de horas con el estómago vacío. Ha llegado el Ramadán, mes de ayuno y devoción, de largas noches y reflexión, de naciones completas pasando hambre en nombre del creador.

Es el noveno mes del calendario islámico, el mes donde las bocas se cierran y las almas apuntan al cielo en un intento febril de acercarse a su Allah. Desde la salida del sol, el poblado se ha abstenido de comer durante el día, y aunque la satisfacción de haber llevado a cabo el ayuno es evidente, la hora del *iftar*[2] se aproxima, lo que significa que el festín que le pondrá fin a la privación ya está a punto de llegar. La larga mesa está cubierta de todos los alimentos que puede albergar la imaginación: dátiles, *lahuh*,[3] *bint-al-sahn*,[4] *saltah*,[5] frutas variadas, pescado y arroz amarillo. Mientras la residencia se paraliza en un tenso silencio que parece durar toda la eternidad, nuestros oídos están sintonizados con los altoparlantes de las mezquitas, que en cualquier momento pondrán fin a la angustia colectiva.

---
[2] Comida nocturna con la que se rompe el ayuno diario durante el mes santo de Ramadán. Por lo general se hace en grupo y la primera comida que se ingiere es un dátil.
[3] Panqueque de harina remojado en yogurt y pimientos rojos.
[4] Tortilla de harina crujiente rebosada de miel.
[5] El plato nacional de Yemen, que por lo general se sirve a la hora del almuerzo. Es un guisado de cordero, vegetales y fenogreco.

¡Tres, dos, uno, por fin! Todas las mezquitas de Hais comienzan a anunciar la hora del *Maghrib*,[6] o la oración de la puesta del sol, y la resonancia de los *Allahu akbhar* y los *la-ilaha-illah'llah*[7] reverbera por las calles como una ola de ensueños cargada de misericordia. Me arrodillo junto a los presentes y procedemos a entonar la oración que marcará el final del desasosiego corporal que hemos estado sintiendo desde hace horas. Justo después de postrar nuestras frentes sobre el suelo, nos volvemos a sentar y comenzamos a aplacar el hambre que nos ha torturado toda la tarde. Comemos con pasión, extasiados por los sabores que se vierten en nuestras bocas.

Mientras nos desvivimos con las delicias que pueblan la mesa, me asalta un estremecimiento, no tanto por la comida que va rumbo a mi estómago, sino porque en un instante logro comprender lo que implica ser parte de un lugar como este. Significa que no existe nadie en este pueblo, a excepción de algunas embarazadas y ancianos, que no haya guardado el ayuno, incluyendo al extranjero que escribe estas líneas. Comprendo la razón por la cual todos andamos vestidos con atuendos similares, escuchando la misma melodía, y aceptando las cosas como son, sin cuestionar las razones ni el *statu quo*.

Aunque la idea atenta contra el espíritu individualista que me han inmiscuido desde que nací, percibo una serenidad en las almas, una alegría expansiva que se sitúa en cada mirada, en cada gesto exaltado por el regocijo de lo que hemos logrado, de esta familiaridad que penetra el ambiente como si el hambre no fuera algo exclusivo de un solo

---

[6] Es el cuarto de los cinco llamados a la oración y se practica justo después de la puesta del sol.
[7] No existe otro dios que Dios.

hombre, sino un estado común decidido por todos. Mientras saboreo los dátiles más dulces que he comido en toda mi vida, empiezo a comprender la razón por la cual cada vez que entro a un restaurante, completos desconocidos me invitan a comer de sus mesas. Deduzco el motivo por el cual todo el mundo parece darle dinero a los que andan pidiendo (aunque los que den no tengan nada sobre lo cual caerse muertos). Y sobre todo, comienzo a entender algunas de las razones por las cuales en esta enorme tribu llamada Yemen, con todo y su extrema pobreza, existe una solidaridad que supera todos los obstáculos que interfieren en la supervivencia de sus orgullosos habitantes.

Al terminar el banquete, las calles de Hais despiertan del ensueño en que se habían abstraído todo el día, como si el hambre las hubiera borrado, y las barrigas llenas ahora las regresaran de ese lugar donde habían cesado de existir. Decenas de niños corretean por las calles pateando batalladas pelotas de futbol, extasiados de felicidad bajo la luz de las velas que alumbran las casas. Grupos de hombres salen en bandadas hacia el mercado de *qat*, donde buscan los mejores ramilletes según la capacidad de sus bolsillos para sintonizarse en la misma frecuencia, mientras grupos compactos de mujeres salen con sus velos a visitar a sus familiares y amigas.

Al salir de la morada de Nasif, sofocado por la hartura, Hussein me invita a masticar *qat* junto a los hombres de su familia. Hoy brindo yo, dice, y parte su ramillete en dos. Caminamos hasta su hogar y entramos a la habitación donde la luz de una vieja lámpara arde fervorosamente, dejando entrever las humildes paredes carentes de pintura. Emprendemos la masticada junto al grupo de hombres, y al poco tiempo nos quedamos embelesados sintiendo la amargura poblar nuestro paladar. Los pobladores de Hais se escuchan en el trasfondo de las sombras, custodiados por los melodiosos versos del Corán leídos por todas las mezquitas que desde sus altoparlantes imbuyen el aire de un aura sagrada.

Durante el Ramadán, tiempo en que los primeros versos del Corán le fueron revelados al profeta Mahoma, el mundo islámico se entrega a la devoción y hace de la religión su máxima prioridad. Es un período para la reflexión, para la oración, y para doblegar al cuerpo por medio de la disciplina. Mientras el primer día del mes sagrado se desliza en el vaivén de las horas, la fuerza del Islam se hace evidente en este corazón de tierra que late al ritmo de su prosa.

"Si pudieras entender lo que dice nuestro libro sagrado, y apreciaras la manera en que cada palabra está perfectamente sintonizada con el resto, te darías cuenta de que usar nuestro lenguaje de esa manera, tan sublime y perfecta, es imposible para un ser de carne y hueso", dice Nasif inspirado.

Y aunque él cree que no lo sé, ya sus palabras se han vuelto lugares comunes. El impulso de piedad que ejerce el Corán lo he visto con mis ojos de mil y una maneras: es el único libro que se lee, el único que se recita, el único por el cual se vive y se muere. Explica el porqué veo personas orando en cada lugar imaginable durante las horas de oración, incluyendo las aceras, contenes y azoteas. Explica la habitual utilización de la palabra *haram*, que se podría traducir como pecado en el idioma español, o como algo indecoroso y prohibido; y se refleja en el hecho de que existen mezquitas en cada esquina, incluyendo supermercados, estaciones de policía, aeropuertos y plazas comerciales.

A las cuatro de la mañana, ya estropeado el colectivo de tanto masticar, se anuncia el *sahur*.[8] Es la última oportunidad para alimentar el organismo antes de que las mezquitas anuncien *Al-Fajr*,[9] el momento en que se restablece el ayuno y se prohíben las relaciones sexuales. En casa de Hussein la noche ha transcurrido imbuida de risas, anécdotas, de una camaradería que nos ha hecho a todos sentirnos partícipes de algo puro y trascendente. Después del *sahur*, que en casa de Hussein resumimos pasando una bandeja de dátiles, a los habitantes de Hais ya los encorva el sueño, y poco a poco las calles vuelven a caer en el sopor. Ya la primera noche de Ramadán se ha consumido, y el pueblo se ha embriagado de la idea de Allah. Mientras tanto, yo sigo la ley de Roma y me adhiero a lo estipulado: cuando estés en Yemen, haz como los yemenitas.

***

Después de recibir el correo de Maha, no había logrado reunir el suficiente coraje para llamarla. Uno de los componentes primordiales de mi plan de supervivencia consistía en no involucrarme con las mujeres locales, y sabía que si cruzaba esa línea, estaría poniéndolo todo en riesgo. Una tarde de Ramadán, mientras sentía un vacío abrumador en la boca del estómago, me arrastré hasta la computadora y volví a leer el correo. No existía mejor momento, pensé, para que dos personas se arriesguen a hacer cualquier locura, que en los

---

[8] La comida consumida por los musulmanes antes de que amanezca.
[9] Es la primera de las cinco oraciones diarias.

días en que la barriga está tan vacía que la sangre no fluye hacia la corteza pre-frontal. Tomé el celular, busqué su nombre en la agenda, inspiré profundamente, y marqué su número. Esperé a que timbrara dos veces, y con la respiración entrecortada, colgué.

Durante los primeros diez minutos, nada pasó. Tenía la mirada fija en el reloj del celular, esperando a que en cualquier momento Maha me devolviera. Al pasar treinta minutos y todavía no saber de ella, empecé a sentirme paranoico. Quizás todo era un plan perpetrado por el mismo Rami Khalil para verificar si me estaba llevando de los protocolos de seguridad: "Ten mucho cuidado con las mujeres locales", me había advertido una y otra vez, y a pesar de todo lo que había insistido en el tema, aquí me encontraba pasándole por encima a sus consejos. Cuando pasó una hora después del timbrazo y vi el nombre de Maha reflejado en la pantalla, sentí que iba a sucumbir ante un ataque de pánico.

—Pensé que nunca ibas a llamar –fue lo primero que escuché al empujar el teléfono contra mi oído.

Se me hacía difícil concebir la tranquilidad que emanaba de la voz de Maha. Yo estaba a punto de tener un infarto, y ella, sosegada, parecía tener la situación bajo su completo control.

—Es… que… no… no había encontrado el momento oportuno –alcancé a decir mordiéndome la lengua.

—Humm, no te creo –dijo–. Llegué a pensar que no te interesaba conocerme. ¿Será que tienes alguna novia allá en República Dominicana?

No podía creer que al igual que por correo, fuera tan directa por vía telefónica.

—Ehhh… claro que quiero conocerte –alcancé a decir–. Te confieso que aunque no hablamos mucho el día en que nos presentaron, percibí que teníamos mucho en común, y que tarde o temprano el destino volvería a cruzar nuestros caminos.

¿Estaba cayendo directo en una trampa? Por un segundo me imaginé a todos los empleados de la oficina principal en Sana'a riéndose a carcajadas, mientras Rami tomaba el teléfono y volvía a repetirme: "Pero, hijo mío, ¿no te quedó claro lo que hablamos?"

—¡Ja! ¡Qué creído! Aunque lo que dices tiene sentido. ¿Cuando vuelves a Sana'a? –inquirió.

—No lo sé. Espero que pronto. No te imaginas lo harto que estoy de este calor insoportable.

—Pues escucha: cuando vuelvas a la capital, no dejes de llamarme. Quizás podamos vernos para que me dejes enseñarte otra parte de la ciudad.

—Ehmm… pues está bien.

¿Por qué le había respondido de manera tan seca? Esto era lo más emocionante que me había pasado desde mi llegada a Hais, y por alguna razón, no podía expresar lo que estaba sintiendo. Mi lengua estaba trabada, insegura de cómo proceder ante cada oración que me tocaba decir.

—Humm, no suenas muy convencido –dijo Maha con cierta desilusión.

—¡Sí, claro! Estoy feliz de que volveremos a vernos. Lo único que espero es que sea pronto. De verdad que ya no veo la hora de salir de aquí y tomarme unos días en la capital.

—Nunca he visitado la zona donde trabajas, pero me han dicho que no es un lugar muy atractivo.

—Lo dices y no lo sabes. Se me ha hecho difícil acostumbrarme. Sobre todo porque no hay mucho que hacer, aparte de trabajar y masticar *qat* con los hombres.

—Oh, ¡no me digas que ya probaste el *qat*!

—¡Ja, ja! Sí, ya lo probé. Pero por favor no digas nada. Tú sabes cómo son Sandra y Rami. A veces no entienden que para sobrevivir hay que adaptarse por completo al entorno.

—Te prometo que será nuestro secreto. Y escucha, ya mi padre está por llegar y no quiero que me encuentre conversando. Por favor, ven pronto a Sana'a. No quiero que pase mucho tiempo antes de volverte a ver.

Todavía no podía creer lo que estaba pasando. Es que no podía ser verdad.

—*Tamam*[10] –dije, tratando de inhalar el suficiente oxígeno para no volver a desmayarme. *Inshallah* te veré pronto.

—*Inshallah habibi*,[11] *inshallah* –y colgó el teléfono sin mediar más palabras.

Tragué en seco. En verdad, ¿había dicho *habibi* o me lo imaginé? Una ola de adrenalina asaltó mi sistema, y lo que más quería en aquel momento era subir al primer autobús con dirección a Sana'a y verme con ella. Todavía, intuí, no había llegado la hora.

***

Eran las siete de la mañana; hora de levantarse. Ya el Ramadán había terminado y Hais reasumía el curso natural de su adormilada existencia. Luego de un pequeño esfuerzo, logré romper la inercia que me tenía atado al colchón. Los cuervos y halcones seguían allí velándome, como de costumbre. Alcé mis brazos al cielo y saqué el pecho y las aves cedieron su posición aunque, como siempre, tuve que pegar un grito estruendoso para que salieran todas volando. Cada día

---

[10] Significa "está bien" en árabe.
[11] Palabra árabe que significa "mi amor". Cuando se refiere a un hombre, se dice *habibi*; cuando se refiere a la mujer, se dice *habibati*, aunque la forma coloquial de esta última es *habibti*.

tenía que recordarles que aunque era un invitado en su estéril vastedad, en aquel techo no había más jefe que yo.

Desde allí pude presenciar cómo la energía que se iba congregando en el mercado ya rutilaba: los fruteros descargaban los tomates que habían llegado por toneladas desde las montañas de Tai'z[12] y los vendedores de *qat* desenfundaban los ramilletes categorizándolos según su calidad; los maiceros estaban sentados sobre el pavimento, arropando la cubeta de cenizas que abrazaban con sus piernas, acomodando las mazorcas que preparaban con destreza. El sol había comenzado su ascenso, descubriéndose con lentitud detrás de las estériles lomas de piedra que velaban al desierto.

Bajé del techo y me dirigí al baño pensando: "¿Qué me traerá el día de hoy?" Al abrir la ducha, me acordé que tenía una semana sin agua. Salí en toalla y procedí a buscar el botellón que había llenado la noche anterior. Descargué unos cuantos litros en una olla y me los vertí en la bañera. Mientras me alistaba, podía escuchar los camiones comenzando a utilizar su accesorio favorito: la bocina. Antes de partir hacia la oficina, apilé las fundas de basura que se habían acumulado durante la semana, abrí las ventanas de la cocina, y las lancé lo más lejos que pude. Aunque me era difícil aceptarlo, me había acostumbrado a la idea de que en Hais no había un sistema de recolección de desperdicios, y por casualidad uno de los vertederos más grandes de la zona se encontraba justo a los pies de mi edificio, lo que explicaba el inaguantable hedor con el que había tenido que hacer las paces.

Bajé las escaleras y caminé hasta donde se encontraban los motoristas, que esperaban a sus clientes reclinados sobre sus motocicletas, y me monté en el primero que ofreció

---

[12] La tercera ciudad más grande de Yemen, después de su capital, Sana'a, y Aden, la ciudad portuaria. Tiene una población de 600,000 personas y se encuentra a 1,400 metros de altura sobre el nivel del mar.

llevarme. Mientras me balanceaba en la moto, avisté a los niños que se dirigían a la escuela, todos ataviados con camisetas azules y pantalones kakis. La mayoría eran varones. ¿Adónde estarán las hembras?, pensé. Durante ese mismo tren de pensamiento, me acordé de que el 71% de las mujeres yemenitas eran analfabetas. El motorista me dejó frente a la oficina, donde mis colegas ya habían postrado los platos del desayuno en el suelo y me hacían señas con las manos para que los acompañara. Me agaché y traté de acomodarme entre los demás. Por más que intentara, me parecía imposible sentirme cómodo en aquella posición. Mojé el pan en el aceite de ajonjolí mezclado con yogurt y tomé un pedazo del pescado pequeñito que compartimos entre cuatro.

Las mujeres comenzaron a llegar tarde, como de costumbre. Me saludaron con un esplendoroso *as-salaam-alaykum* y se dirigieron a sus oficinas. Ya me había acostumbrado a la idea de que jamás les vería el rostro, aunque eso no había impedido que lograra conectar con la mayoría. Con el paso del tiempo, había podido acercarme a sus vidas, al punto de que casi todas tenían la suficiente confianza de contarme sobre sus alegrías y sus penas como si hablaran con un hermano.

Aquella mañana, antes de que lograra sentarme en mi escritorio, una de mis colegas tocó a la puerta.

—Buenos días, señor. ¿Tiene usted algunos minutos disponibles? –preguntó Yusra con voz triste.

—Pues claro. Por favor, entra y siéntate –dije.

—Pues gracias, señor. No quiero molestarlo mucho tiempo, solo vine a decirle que no trabajaré más para la organización –suspiró.

Durante unos segundos me quedé en silencio, tratando de leer lo que acontecía en su mirada, que parecía estar distante y hacía todo lo posible por esquivar la mía.

—¿Por qué no quieres trabajar más aquí? Tú bien sabes lo valiosa que eres para todos nosotros.

—No quiero hablar de eso ahora, señor –respondió con los ojos humedecidos.

—¿Qué te parece si vas a tu casa, regresas mañana y conversamos?

—*Tamam*, señor –dijo levantándose del asiento y saliendo con pasos apresurados.

Con el pasar de las semanas y una docena de largas conversaciones, había logrado conectar con Yusra más que con cualquier otra empleada. Siendo la responsable del departamento de fisioterapia para mujeres, estaba encargada del tratamiento clínico de todas las féminas que asistían al centro. Era increíble cómo a pesar de estar escondida detrás de lo que parecía ser una tonelada de trapos oscuros, habíamos podido volvernos tan buenos amigos. Aquella idea de que los ojos son el espejo del alma no podía ser más cierta. Con solo sus ojos y su voz detrás del ropaje que la mantenía anónima, una linda amistad había logrado crecer entre nosotros.

Según me había contado, su madre, Rona Mohsen, que durante muchos años antecedió a Yusra en la realización de los oficios de su casa, abandonó a su padre luego de que este la reprendiera severamente por haberle echado demasiada sal a un pescado que le había preparado de cena. Aquel acto había sido la gota que derramara el vaso de sus veinte años de matrimonio. Después de la separación, Yusra tuvo que trabajar en la oficina y encargarse de su casa, ya que por tradición, los hombres de Hais no acostumbran a realizar oficios domésticos.

Abdul Rakim, su hermano mayor, cargaba una guerra en su interior que permeaba hacia la vida de todo aquel que lo conocía. Frustrado por no haberse casado a sus treinta y cinco años debido a la escasez de dinero causada por su excesivo consumo de *qat*, el combativo era la imagen joven de su padre, ambos empecinados en mantener intimidada a toda la familia con sus amenazas y personalidades impulsivas. Abdul Rakim sabía mantener especialmente consternada a Yusra, que sufría por la forma en que la trataba, siempre dejándole saber que podía hacer con su vida lo que a él le pareciera conveniente. A pesar de que ella lo quería con locura, a sabiendas de que cargaba consigo un alma torturada, Yusra se sentía impotente por la incapacidad que tenía de ayudarlo. Su relación con él era lunática, algunos días la llenaba de amargura, mientras que otros, cuando Abdul Rakim desvelaba su lado más vulnerable, le demostraba el afecto que la mantenía estrechamente relacionada a sus aflicciones. Aparte de Abdul Rakim, sus otros hermanos, Laith, Ahmed, y Ramzi, no interferían mucho con ella y la dejaban en paz la mayoría del tiempo.

Y aunque Yusra amaba a cada uno de sus hermanos con diferentes grados de intensidad, lo que aquella mujer verdaderamente ansiaba era formar su propia familia, un hogar que la pudiera sacar de aquella casa donde reinaban cinco hombres, y donde ella, por más que tratara de pensar lo contrario, era solo una obediente súbdita.

Después que Yusra saliera de mi oficina, hice un arqueo de caja chica, y me alisté para salir a recorrer la zona. Hussein Yassin, el fisioterapeuta principal, me acompañaría a darle seguimiento a un grupo de pacientes que habíamos operado hacía unos días de labio leporino. Aunque vivían a solo 20 kilómetros, sabíamos que nos tomaría casi dos horas llegar a sus moradas.

Nos dirigimos desierto adentro en un viejo vehículo de doble tracción que habíamos alquilado con chofer incluido para dominar la vía pedregosa e intransigente. Fue necesario desmontarnos cada diez minutos para que el todo-terreno pudiera atravesar los pasadizos que obstaculizaban el camino. A un kilómetro del caserío donde vivían los pacientes, el chofer nos comunicó que le era imposible llevarnos hasta el final del trayecto. El resto del camino solo se podía transitar a pie, en burro o en camello, explicó. A pocos metros, un adolescente venía guiando una carreta repleta de paja, halada por un asno famélico que jarreaba con la carga a base de latigazos. Le ofrecimos unos cuantos *riales* y nos montamos a su lado, deslumbrados por un refrescante paisaje surgido de las interioridades de la cordillera.

Las montañas desérticas que habíamos dejado atrás fueron sustituidas por verdes colinas que bordeaban un bucólico valle donde se avistaban decenas de mujeres trabajando la tierra. Al ver que un estrecho hilo de agua partía el valle medio a medio, mi corazón comenzó a latir de prisa, asombrado por el repentino cambio de panorama. A unos cien metros, un grupo de monos amenazaba el sembradío de uno de los agricultores locales. El niño que comandaba la carreta nos señaló que los primates se habían convertido en una plaga, y que muchos de sus familiares habían salido con sus Kalashnikov a poner fin al asunto. Al cabo de un rato, logramos avistar la comunidad.

Compuesta por casas de barro coronadas con techos de palma, el caserío resplandecía bajo los rayos del sol del mediodía. Al bajarnos de la carreta, Abdullah, el padre de una de las niñas operadas, salió a nuestro encuentro. Nos guio por las callejuelas de arena hasta el hogar de nuestras tres pacientes, todas pertenecientes a la misma familia. Gracias a Dios, las niñas lucían saludables. Sus heridas ya habían cicatrizado y era hora de quitarles los puntos. Hussein se puso sus anteojos, tomó la pinza, y manos a la obra. Yo me encargué de tomar las fotografías que se utilizarían para reportar el antes y el después de la operación.

Al terminar el trabajo, los residentes locales nos invitaron a almorzar. No nos permitieron declinar la oferta, pues la comida ya venía en camino. Nos acomodamos en cuclillas junto a ocho hombres que llegaron exhaustos de los campos de cultivo aledaños, y dos mujeres veladas trajeron una formidable olla. Al abrirla, me alegré de ver que era arroz acompañado de *hanid*, el afamado cordero cocinado bajo tierra que se derretía en la boca como mantequilla. Después de devorar el banquete, nos bebimos una taza de té y nos preparamos para caminar hacia el vehículo ya que la carreta no estaba disponible para llevarnos de regreso.

Atravesamos un sembradío de maíz para encontrar al chofer en un punto más cercano, acompañados por dos jóvenes de la comunidad que nos guiaron por entre los maizales. Una loca idea me cruzó por la cabeza, y empecé a gritar a todo pulmón "¡*alaqrab*,[13] *alaqrab*!", mientras los señalaba a todos, y los adolescentes salieron disparados como fuegos artificiales, mientras Hussein dio un brinco que lo aterrizó a diez metros de distancia. Liberé una risa explosiva que me delató y mis acompañantes se burlaron unos de otros en un inútil intento de probar que ninguno se había asustado. Cuando llegamos al vehículo, encendimos el aire acondicionado a su máxima capacidad y nos dirigimos a Hais.

—Hussein, ¿sabías que Yusra está pensando renunciar?
—No sabía, señor –respondió.

El jeep siguió avanzando a duras penas por entre la aspereza, y durante unos minutos Hussein se mantuvo en el más obstinado de los silencios.

---

[13] Palabra árabe que significa escorpión.

—¿Qué crees que habrá pasado? –proseguí.

—Bueno, señor –dijo–. Creo que conozco la razón de su decisión.

—¡Pues cuéntame!

—Señor, escuche lo que pasó: el día de ayer pasé por su oficina y me di cuenta de que su puerta estaba cerrada, como de costumbre. Seguí mi camino, pero unos cuantos pasos después, escuché la voz de un hombre que venía desde dentro de su oficina –confesó.

—¿Y qué pasó? –pregunté.

—Bueno, señor, esperé cerca de la puerta hasta que el hombre se marchó, y después que este salió, la tomé por el brazo y la reprendí duramente. Usted no se imagina el problema que nos podría traer Yusra comportándose de esa manera. Fue una seria irresponsabilidad de su parte –espetó.

—Déjame hacerte una pregunta, Hussein –dije–. ¿Eres tú esposo, padre o familiar de Yusra para reprender a una mujer de treinta y un años? –pregunté.

—No, señor –contestó Hussein–. ¿Pero qué van a pensar nuestros colegas y la gente de la comunidad si se enteran de que en esas oficinas hombres y mujeres que no guardan ningún tipo de relación tienen reuniones detrás de puertas cerradas? Usted no tiene idea de las repercusiones que eso nos podría traer como organización –dijo.

Me quedé mirando a Hussein sin saber qué decirle. Me encontraba en una tierra extraña, donde las leyes que regulaban aquellas antiguas comunidades habían existido durante miles de años previos a mi llegada. ¿Trataría de entablar una discusión atacando una posición que me parecía errónea? ¿O aceptaría las tradiciones que todavía reinaban en aquellos lugares? Después de un prolongado silencio, Hussein prosiguió:

—No se apure, señor, que mañana hablaré con Yusra y me disculparé con ella. Realmente no estuvo bien tomarla del brazo –dijo.

A la mañana siguiente, me desperté brioso a recibir otro nuevo día en el Tihama, rodeado de las aves carroñeras que seguían a la espera de que muriera en la víspera. "¿Qué me traerá la jornada de hoy?", me pregunté absorto en el sosiego. Al llegar a la oficina, me encontré a Yusra sentada en mi departamento. Tenía la mirada triste, con una reserva de lágrimas a punto de ser expulsada de sus ojos.

—Le quiero pedir disculpas por lo sucedido ayer, señor. No quiero perder mi trabajo –declaró con voz temblorosa–. Tal vez usted no lo entienda, pero a veces se me hace muy difícil ser mujer –suspiró.

—No te apures, querida amiga. Lo importante es que seguirás aquí con nosotros. No te imaginas lo mucho que te apreciamos.

En ese momento, Yusra se levantó de su silla, se quedó mirándome a los ojos por unos segundos más de lo debido, y balanceó su cabeza hacia el frente en señal de respeto. Luego salió por donde había entrado, dejando atrás la estela de su *balto* refulgiendo como un cometa que se pierde en la inmensidad de un complejo firmamento.

Los mitos que forjan los pueblos

Blog desde Yemen
26 de septiembre de 2009

Hoy un horno insaciable se ha tragado a Hais. Dentro de él nos encontramos todos combatiendo con la arena, sellando nuestras ventanas y cerrando nuestras puertas. La mezcla del calor, seco y cortante, junto al mortífero viento, han hecho del poblado una pesadilla dorada. Ajenos a lo obvio, los vendedores de *qat* siguen allí, enfrentando valientemente cada ráfaga con orgullo y determinación, como si nada en el mundo fuera capaz de evitar su próxima venta. Observándolos con admiración, decido enfrentar la opresión natural para asistir a la boda de mi amigo Yosef, el hijo de un paciente que acude regularmente al Centro de Rehabilitación. Salgo con ojos achinados y me dirijo hacia los bravos vendedores. Compro una pequeña porción de la hoja, me monto en el motor, y le informo hacia dónde dirigirse: "*Ila al arruz Yosef, fadlak*,"[14] comando con mi árabe todavía deficiente.

La moto emprende su camino zigzagueando por las callejuelas de Hais a toda velocidad. Trato de esconderme detrás del motorista para prevenir que la arena colisione con mis ojos, y mientras busco el ángulo que más me favorezca, me arropa la sensación de que el desierto requiere para sí cierta intimidad, y para lograrlo, necesita cegarnos a todos. Poco después, entro al salón cubierto de almohadones donde yacen alrededor de doscientos hombres, todos con las bocas repletas de *qat*. Al acomodarme entre Hussein y Nasif, los músicos empiezan a tocar las melodías típicas de la región de Hodeidah, una sinfonía de sonidos arabescos acompañados de tambores africanos. Saco el ramillete y me echo unas cuantas hojas a la boca. Mientras mastico, una incógnita se agolpa en mi mente. ¿Cuáles son las condiciones que necesita un pueblo para anclarse en sus propias creencias? ¿Sería posible que todos fuéramos presas de algún mandato oculto que dirigiera nuestras vidas sin nuestra cognición?

---

[14] "Hacia la boda de Yosef, por favor."

Mientras cavilo con estos pensamientos, que se esfuman con el pasar de los minutos, Hussein me cuenta una historia que, sin saberlo, exterioriza el poder de esos "ismos" que gobiernan la mentalidad de su pueblo, como si intentara responder las preguntas que albergaba en mi interior:

«Abu Taleb era un anciano de casi ochenta años que soñaba con hacer el peregrinaje a La Meca. Habiendo sido un hombre con un profundo sentido religioso, se había enfocado en cuatro de los cinco pilares del Islam: la profesión de la fe, la oración, la limosna y el ayuno, y ya solo le faltaba la última gran prueba: el *hajj*,[15] o la épica aventura de todo musulmán: la peregrinación a La Meca. Allí, Abu Taleb fantaseaba con efectuar todos los rituales de la peregrinación, incluyendo entrar en el estado de *ihram*,[16] o la sacralización del musulmán; darle siete vueltas a la Kaaba;[17] besar la piedra negra;[18] caminar los veinte kilómetros hasta el monte Arafat; y postrarse en oración hasta la puesta del sol. Después, se iría al desierto en Muzdalifa[19]

---

[15] Es el quinto pilar del Islam. El musulmán debe peregrinar al menos una vez en la vida a la ciudad de La Meca, siempre y cuando tenga los medios económicos y la salud para completar el recorrido.

[16] Consagración ritual en que debe encontrarse quien realiza los ritos de peregrinación a La Meca. Simboliza la entrada en el universo sagrado.

[17] Construcción en forma de cubo que representa el lugar sagrado más importante del Islam. Hacia ella orientan sus rezos los musulmanes. La edificación está construida por capas de piedra azulada y grisácea sacada de las montañas que rodean la ciudad. Debemos aclarar que la Kaaba no es objeto de adoración en el Islam, ya que los musulmanes solo adoran a Allah.

[18] La piedra negra se encuentra en la esquina oriental de la Kaaba. La piedra es de unos 30 cm de diámetro y está situada a 1.5 metros del suelo. Cuando los peregrinos circunvalan la Kaaba, muchos de ellos intentan detenerse y besar la piedra negra, imitando el beso que recibió del profeta Mahoma. La piedra negra, según la tradición, es un aerolito que el arcángel Gabriel entregó a Abraham.

[19] Área abierta donde los peregrinos buscan 49 piedras que luego son utilizadas para el ritual de la lapidación del diablo en Mina. Son 49 piedras porque se lanzan siete diarias por siete días.

y recogería las piedras que utilizaría para la "lapidación del diablo", lanzándolas desde el puente Jamarat,[20] una tradición que conmemora las pruebas superadas por Abraham cuando estuvo a punto de sacrificar a su hijo, para luego salir del estado del *ihram*, afeitarse la cabeza y convertirse para siempre en un *hajji*:[21] un peregrino consagrado.

Después de pasarse años ahorrando, y con la reciente muerte de su esposa, Abu Taleb sintió el llamado. Ya sus fuerzas comenzaban a menguar, pero sabía que Allah lo abastecería de vigor para poder realizar esta última gran travesía. Antes de partir, decidió reunirse con sus siete hijos y comunicarles su plan. "Papá, ¿crees que a tu edad sea buena idea?", le preguntó Ahmed, su hijo mayor. "Lo haré aunque sea lo último que haga en esta vida", dijo el viejo, dejando claro que había concertado la reunión no para pedir opinión a sus hijos, sino para informarles de su decisión.

Terminada la misma, Abu Taleb comenzó a realizar los preparativos para la larga travesía, retirando gran parte de sus ahorros y coordinando con la agencia que gestionaría su viaje. Tres días después y con mil dólares en la mano, Abu Taleb subía las escaleras del autobús que lo llevaría desde su poblado natal, Hais, hasta la ciudad de La Meca. Algunos allegados lo acompañaban en la larga travesía, todos extasiados por estar tan cerca de vivir el sueño más anhelado de un musulmán.

---

[20] Es un puente peatonal en Mina, Arabia Saudita, utilizado por los peregrinos para el ritual de la lapidación del diablo. Fue construido en 1963 y ha sido expandido varias veces. En ciertas ocasiones, el puente ha reunido a más de un millón de personas, lo que ha ocasionado accidentes fatales.
[21] Título honorífico dado a todo musulmán que haya completado la peregrinación a La Meca.

Al acomodarse en su asiento, Abu Taleb comenzó a sentir la presencia de un amor imponderable. Aquella abrumadora sensación comenzó a apoderarse de sus sentidos, como si una fuerza universal lo hubiera escogido para posarse en su cuerpo y embriagar su alma en un vaivén de sentimientos inimaginables. Al detenerse el autobús en el pueblo de Husseynia para permitir a los pasajeros desayunar, Abu Taleb quedó hipnotizado con una madre y su niño que, con los pies descalzos, escudriñaban comida en el vertedero local. Aquella misteriosa fuerza que lo había sobrecogido lo impulsó a bajarse del autobús, sacar todo el dinero que tenía planeado para el viaje, y dárselo a aquellas dos criaturas que por caprichos del destino habían tenido que recurrir a tales medidas para sobrevivir.

Sin decirle a nadie, Abu Taleb utilizó el menudo que le quedaba en su bolsillo para dirigirse a su pueblo natal. Después de avistar un carro del transporte público, se montó sin poder controlar sus acciones, como si su peregrinaje se hubiera consumado allí, en aquel acto que dejaba atrás, a la orilla del camino. Al llegar de noche a Hais, caminó hasta su casa sin que nadie lo avistara y cayó en un profundo sueño.

Dos semanas después, cuando los peregrinos de Hais regresaban de La Meca, Abu Taleb se levantó de su largo letargo. Mientras los pasajeros se bajaban del autobús, Abu Taleb escuchó su nombre siendo repetido en la algarabía que se había formado frente al vehículo:

"Desde que llegamos a La Meca, la cabeza de Abu Taleb comenzó a disipar una luz blanca. Parecía que su cabeza se había convertido en un receptáculo de luz y su aspecto se había vuelto translúcido, como si el mismo Allah hubiera brotado de allí, haciendo de su cuerpo solo un vestigio de su presencia. Cuando llegamos a la Kaaba, los imanes principales de la ciudad avistaron a Abu Taleb y decidieron por unanimidad que aquel hombre sería el elegido para guiar a las decenas de miles de personas que allí se encontraban en oración. Cuando ya era hora de regresar, Abu nos dijo que tenía que quedarse en La Meca a continuar su ascenso espiritual. No hay duda de que Abu Taleb se ha convertido en un *wali*,[22] ¡el *wali* de nuestro pueblo!", relató uno de los hombres que acababan de llegar.

Mientras continuaban contando las historias milagrosas realizadas por el sencillo hombre que había decidido devolverse a una hora de su pueblo natal, Abu Taleb comenzó a rememorar el largo sueño que había tenido durante las extrañas semanas que pasó en su habitación. Las historias eran exactamente iguales a las visiones que había tenido mientras dormitaba en Hais, y cuando salió de su casa a encontrarse con los peregrinos, Abu Taleb sintió un dolor agudo en el centro de su pecho, y avistó una intensa luz que volvió a catapultarlo a un estado de perfecta beatitud. Y en medio del tumulto, Abu Taleb abandonó su cuerpo, creando una conmoción que sacudió a todo el pueblo».

Al ver a Hussein secarse las lágrimas, siento que las melodías de las guitarras se entierran en mi abdomen, como si las cuerdas estuvieran dentro de mí, cimentándose en mi pecho y repercutiendo en mis piernas, mientras los trescientos hombres nos embarcamos hacia ese íntimo espacio donde nos espera el espíritu del *qat*, siempre predecible y sumiso con sus fieles allegados. Y cuando llego a

---

[22] Persona con cierto grado de santidad.

ese espacio, paro de pensar y me dejo arrastrar hasta que me olvido de dónde me encuentro, de este lugar y estos hombres que sin darme cuenta se van volviendo parte de mí, y yo parte de ellos.

***

Motivados por la imperante necesidad que teníamos de localizar niños afectados de labio leporino para ofrecerles operaciones gratuitas, decidimos concentrar nuestras fuerzas en una de las zonas más remotas de todo Yemen: la zona montañosa de Jabal Bura. El labio leporino, una condición congénita que afecta el labio superior y el paladar, se había convertido en un azote en toda la región del Tihama. Por esta razón, trabajamos junto a un cirujano japonés que se estaba pasando una temporada en Yemen, ayudándolo a localizar a todos los pacientes con la condición en la provincia que manejábamos, Hodeidah. Debido a lo inaccesible de la zona, calculamos que en Jabal Bura encontraríamos al menos una decena de niños afectados.

El territorio pertenece a una de las cuatro áreas protegidas de Yemen, y es parte de un exclusivo grupo de territorios que se levantan imponentes frente al desierto del Tihama. Contiene una flora y una fauna endémica y alberga múltiples especies en vía de extinción. Adicional a esto, la región está poblada por casi cinco docenas de comunidades que dan un nuevo sentido a la palabra remoto.

Aunque habíamos partido temprano, el sol ya imponía su vigor sobre nuestros semblantes.

Acostumbrado a los espacios vacíos que se extendían infecundos por los horizontes desérticos, el verdor que se presagiaba en el horizonte acongojaba mi ser mientras caminaba junto a mi fiel acólito, Hussein, que al carecer de ropa deportiva, se había vestido con zapatos de charol, pantalón de lino, una camisa de vestir y un saco grisáceo: muestra viva de la espontaneidad del carácter yemenita.

Junto a nosotros, aprovechando nuestra obligatoria inspección de aquellos poblados de tan difícil acceso, se encontraba Lisa, una joven investigadora de Hong Kong que albergaba la teoría de que muchas de las ideologías engendradas por el islamismo conservador de Arabia Saudita todavía no habían penetrado la enredadera cultural de Jabal Bura, por lo que allí, según ella, se podían encontrar indicios de la cultura árabe pre-islámica. La investigadora, que era capaz de reconocer símbolos y modos de vida para compararlos con culturas disímiles, llevaba más de cinco años indagando el origen de los lenguajes, viviendo como una peregrina en su misión por descubrir el eslabón perdido de la torre babilónica, ya que según su teoría, todos los lenguajes y alfabetos habían surgido de la misma fuente. Su búsqueda la había llevado a más de veinte países, por lo que poseía un extensivo dominio de diversos lenguajes, incluyendo el árabe, en el cual se comunicaba de forma rudimentaria, y el español, que dominaba a la perfección. Para Lisa no había casualidades. Todo símbolo, toda figura y toda imagen representaba un universo de significados ocultos el cual era su deber descifrar. Y al ser muy amiga de nuestro director, Rami Khalil, había coordinado para valerse de nuestro viaje y acompañarnos.

Después de haber recorrido cuatro kilómetros por el tortuoso camino rebozado de mandriles que se mantenían al acecho, la carretera terminaba drásticamente en la falda de la impetuosa montaña que se levantaba solemne, invalidando la gravedad que nunca pudo contenerla. Allí, donde la aridez del camino inicial terminaba y un brumoso verdor parecía desparramarse de la cordillera, nos esperaba Saddam, que nos guiaría por el ambiguo sendero.

El adolescente de quince años había vivido toda su vida en Mabura, uno de los 57 poblados que componían el escabroso distrito de Jabal Bura. Un amigo me había dado su teléfono, diciéndome que aquel muchacho y su familia eran personas excepcionales, y que si alguna vez tenía la dicha de visitar el lugar, ellos eran la mejor opción para ayudarme a desmenuzar el territorio. Saddam, que sin mucho afán en sus expresiones nos comenzó a guiar por el estrecho camino que conducía a los poblados que se alojaban en el tope, parecía conocer el trillo como la palma de su mano. El camino fue revelándose bajo su liderazgo, ya que claramente era imposible seguirlo sin contar con el conocimiento de alguien que se hubiera pasado muchos años en aquella indescifrable cordillera. El trillo estaba hecho para confundir, para dificultar el acceso a cualquier intruso que intentara subir por cuenta propia, por lo que cada cierta cantidad de pasos desaparecía y era necesario escalar secciones de roca para volver a ubicarlo.

Mientras escalábamos la pendiente, la presencia de docenas de miradas que seguían nuestros pasos era palpable. Aunque se nos hacía imposible distinguir aquellos ojos que nos velaban por entre el denso follaje, la impresión no se ahogaba en la aparente ausencia de vida. Ya extenuados, continuamos subiendo la pendiente, pausando de vez en cuando para dirigir la mirada hacia el desierto, que se extendía hasta el Mar Rojo, donde el intenso azul se opacaba en la refulgente irradiación de luz que brotaba de toda su longitud.

Más adelante, los poblados de Jabal Bura comenzaron a brotar como arpegios moldeados por pentagramas de piedra. Las villas colgantes, desde cuyas ventanas se podía ver toda la región, parecían estar desprendiéndose hacia el vacío de los despeñaderos. Mis ojos se sentían ligeros, resueltos a plasmar en la memoria cada trazo de tierra de donde brotaban los cafetales, y cristalizar cada mirada que buscaba encontrar la nuestra por entre los ventanales de las moradas, como si aquellas visiones tarde o temprano fueran a ser superpuestas por otras más triviales, y la necesidad inaplazable de atesorarlas se hiciera urgente. Luego de más de cinco horas caminando por entre la frondosa espesura de la montaña, llegamos a la comunidad de Mabura.

Lisa dejó escapar un suspiro, anonadada por el hecho de no poder concebir un lugar tan remoto y tan sublime a la vez. O tal vez llegó a la conclusión de que lo remoto y lo sublime siempre van de la mano, como si la belleza tuviera que germinar en el borde, en los confines de la lejanía para así mantener intacto el delicado balance que arropa lo innombrable, lo que solo es capaz de florecer en el más inmaculado de los silencios. Al sentarnos los tres, agotados, en un escalón que daba entrada a la comunidad, unos chicos nos rodearon, estremecidos de ver a un trío de extraños enrojecidos y sin aliento. Jugaban, se reían, hacían muecas, y nos hacían preguntas para luego alzarse corriendo por los precipicios como cabritas indomables. Creo que nunca habían visto a una mujer de rasgos orientales, ya que cada vez que la miraban de frente, sus ojitos de niños se empequeñecían en un vano intento de imitarla, para finalmente desgañitarse en una tendida sucesión de carcajadas.

"¡*Marhaban!*",[23] dijeron unos hombres que se aproximaron al escuchar el revuelo de los traviesos.

—Siéntanse como en su casa –expresó el más viejo de todos, ratificando uno de los grandes atributos de los pobladores del Medio Oriente: su insuperable hospitalidad.

---

[23] Significa bienvenidos en árabe.

Después de haber decantado el cansancio de la larga caminata, los hombres nos invitaron a quedarnos en una vivienda que, edificada peñasco sobre peñasco, se contorsionaba como un acto de fe sobre la inquebrantable terquedad de la tierra. Nuestros agradecidos espíritus aceptaron la invitación, y nos acomodamos en el impresionante lugar, desde donde se avistaba claramente la vorágine de piedras y vegetación por donde habíamos subido.

—¡*As-salaam-alaykum*! Saddam me dijo que venían hoy. Soy Mohammed, su padre —dijo un bigotudo de piel canela que nos extendió la mano, mientras a Lisa la saludó llevándosela al pecho y bajando la cabeza en señal de respeto.

—Esta noche los queremos a invitar a quedarse aquí en Mabura. Tenemos disponibles dos habitaciones para ustedes. Los hombres pueden pasar por aquí —dijo, y abrió una pequeña puertecilla que dejaba entrever una acogedora alcoba flotando sobre las nubes.

—¡Saddam! —voceó—. Llama a tu madre para que dirija a esta mujer a la habitación de huéspedes —dijo en tono imperativo—. Vengan, siéntense con nosotros a masticar *qat* —prosiguió, mientras la madre de Saddam tomó a Lisa del brazo y se la llevó. Ambas reían nerviosas, como viejas amigas que acababan de reencontrarse.

Al sentarnos, Mohammed nos pasó un enorme racimo de *qat*, del cual podríamos haber masticado toda una semana. Al ver aquello, Hussein abrió los ojos y desplegó una sonrisa de oreja a oreja.

—Aquí nos tomamos el *qat* muy en serio —dijo Mohammed, mientras los demás hombres reían y sus buches se abultaban como globos aerostáticos.

—¿De dónde eres? —preguntó uno de los hombres, dejando entrever unas manos toscas, repletas de hendiduras.

—Soy dominicano –dije.

—¿De verdad? –preguntó–. Esa es una isla que se encuentra al lado de Cuba, ¿no es así?

—Así es –respondí, pasmado por ser la primera vez que alguien daba señales de conocer aunque fuera por referencia el país de donde provenía.

—¡Pues aquí en Mabura somos fieles admiradores de Fidel Castro! –vociferó con una enorme sonrisa explayada en su rostro, mientras los demás hombres validaban su opinión y el ambiente se transmutaba en una jovial algarabía–. Si de verdad eres de allí, ¡te tengo una sorpresa!

El individuo salió del estrecho tejado y regresó con una caja de dominó. Sin saber si todo era una enorme coincidencia, solté una carcajada que se enalteció en el profundo eco de la cordillera. Sin mucho titubeo, los dominós fueron lanzados en medio de la alcoba y de inmediato se armaron equipos que combatieron hasta bien entrada la noche. Conversamos sobre el cultivo de café y de *qat*, de Cuba y de Fidel, y del porqué sus antepasados habían decidido asentarse allí, en aquel lugar tan inaccesible.

—Aunque parece una osadía llegar hasta aquí, estas montañas están compuestas de terrenos fértiles que nos permiten vivir de ellas. Mañana los llevaré a conocer las escalonadas que nos sustentan a todos –dijo Mohammed–. Por otro lado, como me dijeron que venían en busca de niños con labio leporino, los hemos ayudado a localizarlos. Mañana les introduciremos a las familias de los nueve que hemos conseguido –concluyó.

Luego de ser tratados como nobleza hasta bien entrada la madrugada, nuestros huéspedes se despidieron y nos dejaron con la soledad de las estrellas y las oscuras siluetas de las montañas. No pasó mucho tiempo antes de que nos entregáramos de lleno a los brazos de Morfeo, acurrucados en nuestros sacos de dormir. El viento soplaba por la sierra, silbando melodías cuando se entrelazaba con los árboles y se escapaba por el tope de la cordillera, dejando atrás un frío vehemente que nos mantuvo toda la noche en posición fetal.

Al abrir los ojos la mañana siguiente, noté que Hussein estaba morado, gélido como si el frío lo hubiera cogido de receptáculo para hacer de él su morada permanente.

—Levántense, muchachos, que Mohammed nos va a llevar por una docena de poblados y nos introducirá a las familias que tienen niños con labio leporino. Además, me prometió que nos explicará cómo funcionan las plantaciones –retumbó Lisa, abriendo la puerta con una taza de té entre las manos.

Me desentumí lo mejor que pude y procedí a sacar del estupor a Hussein, que no parecía responder a ningún estímulo del exterior.

—¡Levántate, hombre, que nos tenemos que ir! –espeté, tratando de inyectarle emoción a mis palabras para que al menos se le calentaran los oídos.

—Deme un minuto señor, deme un minuto –suplicó.

En aquel momento, Saddam entró a la habitación con una bandeja, anunciando un desayuno compuesto de chocolate caliente y un par de trozos de pan.

—Gracias —dije, justo antes de que Hussein se pusiera en pie de un salto.

—Ahora sí encontré la motivación para salir –dijo sonriente, mientras Lisa seguía apurándonos para que comiéramos rápido y nos lanzáramos de lleno a la exploración del lugar.

Al terminar el desayuno, Saddam nos llevó con su padre, que al parecer regresaba de una de las plantaciones, donde había estado trabajando desde la madrugada.

—Vengan por aquí –comandó.

Caminamos hasta donde comenzaban las hileras de cafetales que habían sido surcadas por toda la montaña, en una ladera escalonada donde las plantas podían crecer como si estuvieran sembradas en una fértil planicie.

—El café y el *qat* están sembrados lado a lado –señaló Mohammed, sus dedos apuntando hacia la parte derecha de la ladera, por la que nuestra mirada se perdía y parecía llegar hasta el trillo por donde habíamos subido–. Por esta razón es que tantas familias pueden vivir apartadas de todo. Solo tenemos que mandar a buscar lo que necesitamos con algunos hombres, mientras el resto nos quedamos aquí, trabajando. Síganme, que ahora los llevaré a algunos de los poblados donde se encuentran los pacientes –dijo, sus piernas fibrosas anclándose a la ladera.

—El *wahabismo*[24] no ha penetrado estos poblados –me susurró Lisa al oído–. Mira cómo el antiguo vestuario de las mujeres todavía se conserva intacto –y señaló a un grupo de vigorosas damas con rostros descubiertos, pomposas joyas y vestidos de intensos colores, que trabajaban en la sierra poblándola de luz–. Esas mujeres representan lo que era este país antes de que el *wahabismo* borrara del mapa toda la riqueza cultural que una vez hubo aquí –explicó.

—Amigos, les quiero introducir a Wael Abdul Hassan, padre de dos hijos con labio leporino –dijo Mohammed al entrar en una comunidad compuesta de quince o veinte casas que bordeaban el precipicio–. Por alguna extraña razón, en este pueblo encontramos tres niños más, aparte de los hijos de Wael, así que me imagino que tienen trabajo que hacer.

---

[24] Corriente religiosa creada por Muhammad Ibn Abd Al Wahhab en el siglo XVIII, es la forma religiosa que más influencia tiene sobre los sunnitas de Arabia Saudita y de Yemen. El *wahabismo* destaca por su rigor en la aplicación del Sharia, el cuerpo de derecho islámico, y por un constante deseo de expansión.

Después que analizamos a los niños y coordinamos con Wael el día y la hora de las operaciones, seguimos caminando, acercándonos cada vez más a Ruqub, la cabeza del municipio y principal centro de abastecimiento de las cinco docenas de comunidades, donde el panorama comenzó a cambiar.

—¿¡Te das cuenta!? —dijo Lisa—. Aquí ya puedes comenzar a ver los *baltos* y velos. Mientras más nos acercamos a las carreteras, se hace evidente cómo viajan las ideas y transforman para bien o para mal el paisaje. En este caso, el resultado es verdaderamente triste. Estos *wahabitas* de Arabia Saudita son los responsables de esta desastrosa transformación. Sus seguidores son ortodoxos en su visión del Corán y han radicalizado su posición dentro de la religión. Te cuento que el movimiento surgió en un intento de purificar algunas tendencias islamistas, como el *sufismo*, que para los *wahabitas* estaban contaminado la religión con ideas que consideraban enemigas del Islam. Es por ello que Arabia Saudita es uno de los países más conservadores de todo el planeta, y mantiene una posición tan opresiva con respecto a las mujeres. Durante los años ochenta, luego de un ataque perpetrado por los *wahabitas* en Medina, la ciudad donde nació el profeta Mahoma, la familia real decidió darles libertad para que difundieran sus ideas por toda la Península Arábiga por miedo a ser derrocada. Yemen era el lugar perfecto para dar inicio a la invasión ideológica. Al ser un país pobre, los *wahabitas* abrieron miles de *madrasas*[25] por todo Yemen, moldearon las mentes de varias generaciones con sus posiciones radicales dentro del Islam, e influyeron a las mujeres para que se vistieran con el *balto* y el *hijab*, escondiendo sus rostros y debilitando su rol en la sociedad yemenita. Es por eso que en este

---

[25] Significa escuela en árabe.

país muchos jóvenes son más conservadores que sus padres y abuelos –concluyó.

Ya encimados a la cumbre, toda la región de Jabal Bura parecía ahogarse en un silencio absoluto, donde el flujo de ideas que cargaba la modernidad se estancaba, incapaz de correr río abajo y empapar a aquellos seres incorruptibles. Y sin saber si algún día aquellas tradiciones que se habían escondido en la cordillera volverían a salir de su escondite, llegamos a Ruqub, de donde partimos colina abajo, hacia Hais, despidiéndonos de aquel paraíso de café, *qat* y sencillos seres humanos.

La fragilidad

Blog desde Yemen
13 de octubre de 2009

Desde hace seis meses, Hais no ve una gota de lluvia. De vez en cuando, un nubarrón cruza el desierto mansamente, esperanzando a la humanidad que lo vela impotente, para despedirse con la tibieza de su imperceptible fuga. Hoy no fue así. El ardor del mediodía predecía un día corriente: sumisión absoluta a los antojos del sol. Sin que nadie lo previera, en el vientre azul del cielo se engendró una tormenta insospechada que hundió a Hais en un aguacero torrencial. Melcochosos ríos de lodo navegan indiferentes las calles del poblado, mezclando todo a su paso en un grumo fangoso.

Mientras afuera las almas del desierto celebran su ventura introduciendo sus pies desnudos en el pantano de arena, la esposa de Nasif acaba de dar a luz a su segunda chiquilla. La niña, llamada Nazreem, nació hermosa y saludable.

No tenía dudas de que el día parecía estar lleno de bendiciones, aunque ahora ya no lo veo así.

Hace unos meses, Hais recibió a su nuevo gobernador, Abdul Karim Moseihi. Al llegar, Abdul Karim nos encomendó una criatura angelical: su hija Hiba. A sus catorce años, Hiba nunca había acudido a la escuela debido a un retraso mental que la había confinado a su hogar. Su padre, luego de visitar nuestras oficinas y observar el excelente trato ofrecido a los discapacitados, decidió llevarnos personalmente a Hiba todos los días para que formara parte de nuestro programa vocacional. Con su eterna sonrisa y aura de paz, Hiba conquistó nuestros corazones a base de tiernos detalles con los que nos sorprendía de manera constante. Todas las mañanas entraba a mi oficina a saludarme, siempre temblorosa y palpitante, y me obsequiaba una flor de las que cultivaba su madre en el patiecillo de su casa. Esta mañana no había sido diferente. Entró con su proverbial timidez y con una margarita en las manos me ofreció un *as-salaam-alaykum*, y debido a que estaba en una reunión, le devolví el saludo apresurado para seguir con mis afanes.

Hace un par de horas, mientras el aguacero empapaba el meollo de Hais, Nasif me invitó a celebrar el nacimiento de su nueva hija. Me dirigí a su casa contento, con los pies alzados sobre el motor, que navegaba como una barcaza las corrientes de agua. Docena de niños jugaban bajo la lluvia, recibiendo aquel insólito evento entre carcajadas y jugarretas. Un grupo de hombres se resguardaba del agua bajo una lona agujereada, mientras sus miradas se perdían en el tumulto. Hombres, mujeres, y niños parecían compartir la misma levedad de espíritu en el glorioso llanto del cielo.

La casa de Nasif estaba, como de costumbre, sometida de lleno a los hechizos del *qat*. La catinina, aquella misteriosa sustancia engranada en el núcleo de la idiosincrasia yemenita, ya estaba creando el usual silencio que acontece al final de toda masticada. El cementerio de Hais, que quedaba frente a la casa de Nasif y el cual podíamos observar desde todas sus ventanas, se había llenado de personas. Nos congregamos todos cerca de una de las ventanas para observar una procesión que cargaba con el cuerpo de un adolescente que se había quitado la vida.

"Nos dijeron que fue un suicidio", dijo Nasif, confundiendo la alegría de su nuevo retoño con el enmarañado sentimiento que provocan aquellos que se arrebatan la existencia.

"Su hermano lo encontró con una soga al cuello", comentó Hussein, su boca pulsando despacio las migajas del verdor que degustaba su paladar.

Entre todo el embrollo, me extrañaba el silencio con el que todos observaban al fallecido, sus rostros tiesos bajo la copiosa lluvia.

"El Islam condena el suicidio", dijo Nasif como leyendo los pensamientos que se agolpaban en mi mente.

"Que irónico. Mientras unos nacen, otros se quitan la vida", comenté abrumado por la conmoción.

"Así es, hermano, estamos inmersos en un misterio imposible de ser descifrado", murmuró Nasif brindándome una media sonrisa entre la grima y el bienestar. "Pero, ¿qué podemos hacer? Con el único que podemos contar es con Allah. Él es quien sabe los secretos de nuestro destino, y en momentos como este, solo nos queda aferrarnos a sus dictámenes".

El llamado a la oración comenzó a retumbar en el atardecer, entre la resonancia de la lluvia sobre el lodo, mientras celebrábamos la vida y la muerte en medio del desierto. De repente, Mohsen Ahmed irrumpió nuestro encuentro:

"¡Discúlpenme todos por interrumpir su velada, pero el gobernador y su hija han tenido un accidente fatal! ¡Los dos han perecido en la carretera! Acabo de saber que al salir del Centro de Rehabilitación al mediodía, se dirigieron a Tai'z para visitar a su familia y en medio del camino el carro se volcó matándolos a todos".

Durante varios minutos nos quedamos pasmados, incapaces de creer lo que había pasado. Terminé de felicitar a Nasif y decidí regresar a mi apartamento. Me era imposible pensar que así como nacemos, sollozando aterrorizados por el resplandor doloroso de esta vida, así se despidieron Hiba y su padre, sus existencias suspendidas en la sanguinaria autopista.

Desde hace una hora estoy en mi casa, tratando de exorcizar lo que siento mediante esta entrada, pero todavía sigo sacudido. La lluvia ha comenzado a calmarse, y los vendedores que se avecinan a mi hogar ya están de regreso, montando sus carpas y limando sus cuchillos. La luna se cuartea en dos detrás del sigilo de las nubes, irradiando su tenue luz sobre el desierto templado. El destino de cada hombre sigue oculto detrás de sus miradas, y el final de otro día en Hais ha llegado.

Capítulo III

Aquella mañana Nasif entró a la oficina sin decir buenos días. Se dirigió a su departamento con una expresión de angustia dibujada en el rostro, y cuando finalmente se asentó en el escritorio, su mirada se perdió en el vacío como si llorara sin lágrimas.

—*As-salaam-alaykun*, Nasif. ¿Todo bien? –pregunté.
—*Wa-alaykum-salaam*. Pues no le sabría contestar –dijo.
—¿Qué ha pasado? –inquirí.
—Usted no lo entendería señor.
—Solo hay una manera de averiguarlo –dije sentándome frente a él–. Soy todo oídos.
—Señor, usted sabe que yo me considero un hombre moderno, un hombre de convicciones claras.
—Eso lo sé. Por eso estas aquí y por eso te apreciamos tanto –dije.
—Pues escuche: no sabría cómo decirle esto, pero usted sabe que en este pueblo la mutilación genital es un hecho conocido. A las niñas, quince días después de nacidas, se les establece una cita con alguna *rayissa*,[1] y sin mucho mediar, estas llegan a los hogares y le mutilan parte del clítoris. Como usted se imaginará, yo soy de los pocos hombres en este pueblo que está en contra de esta práctica, porque como he indagado en mis estudios, es una tradición desfasada que va en contra de todo lo que creo. Por eso, cuando mi hija Nazreem nació, lo primero que acordé con mi esposa fue que no le realizaríamos el procedimiento. Pensé que el mandato había

---

[1] Mujeres que se especializan en realizar el procedimiento de la mutilación genital femenina.

quedado claro, pero esta mañana, cuando me fui a despedir de mi hija, me di cuenta de que tenía los genitales infectados, y cuando pregunte qué había pasado… ya era muy tarde.

Los ojos de Nasif se separaron de los míos y por un segundo volvió a perderse en el vacío que lo tenía amordazado.

—Sígueme contando –imploré.

—Supuestamente mi suegra, que es una mujer difícil y de poca formación, convenció a mi esposa de que la operación era un deber, y que ni yo ni nadie podía decidir en contra de ella, ya que era una tradición que nos precedía a todos, y que había ayudado a mantener el honor de un largo linaje de mujeres. Le dijo a mi esposa que si no le realizaba el procedimiento, nos caerían mil desgracias. Y como era de esperar, mi esposa entró en pánico; ayer, cuando yo me encontraba aquí, le realizaron el procedimiento a mi hija sin mi consentimiento.

—¿Y qué le dijiste a tu esposa? –pregunté.

—Ya no valía la pena decirle nada, señor. Hay cosas contra las que no se puede luchar.

La confesión de Nasif me provocó un dolor en la boca del estómago, aunque ya sabía por otras fuentes que la historia de Nazreem se repetía a diario en toda la región del Tihama. En un país donde el 25% de las mujeres eran mutiladas a los pocos días de nacer, y en una zona donde casi el 90% de la población creía fielmente en tal práctica, el tratar de resistirse a costumbres que llevaban siglos perpetrándose era como tratar de controlar el clima. En otras palabras, casi imposible.

—¿Sabe qué pasa, señor? –preguntó Nasif–. El problema es el miedo. El temor a cambiar algo que podría provocar una desgracia. Según las mujeres de la familia de mi esposa, el honor de llegar virgen al matrimonio ha sido posible por esta tradición. Desde hace incontables generaciones, el honor de las mujeres de su familia ha sobrevivido a todas las épocas, y obligarlas a que abandonen esa práctica tan arcaica pone en juego la base de todas sus creencias. Por ende, como ninguna conoce otra alternativa, no pueden imaginarse teniendo una hija o una nieta que sea diferente a ellas.

—Entiendo, Nasif.

Sabía lo importante que era para las familias yemenitas que sus mujeres llegaran vírgenes al matrimonio, y conocía el precio que tenían que pagar si por alguna razón no lo hacían. En muchos casos, cuando el honor de estas familias se veía destrozado por un alegato de no virginidad, sus relaciones sociales se deterioraban y todos los miembros de la familia quedaban exiliados de muchos de los círculos que aseguraban su supervivencia.

—Perder el honor es como morir de vergüenza. Y desgraciadamente, el honor de una familia yace entre las piernas de sus mujeres –dijo Nasif.

Aunque la mutilación genital femenina no era oriunda de Yemen, la práctica había encontrado tierra fértil en el seno de su población debido al extremo conservadurismo cultural de su población, y por la creencia de que volvía a las mujeres más nobles y puritanas. Aunque el Gobierno yemenita no impedía su práctica, mediante un decreto estipulado en enero de 2001 el procedimiento había quedado prohibido en las clínicas y hospitales. Años después, las *rayissas* abundaban en Yemen, y el procedimiento todavía prevalecía en la cultura local.

Días más tarde, charlando con Hussein, que a diferencia de Nasif era un digno representante del típico hombre de Hais, le pregunté el porqué de la mutilación genital femenina.

—Como ya sabrás, aquí en el desierto del Tihama el calor es inaguantable –dijo visiblemente incómodo mientras abordaba el tema–. Por ende, en un intento de aplacar el incontrolable deseo sexual que sienten las mujeres mientras están sujetas a estas altas temperaturas, muchos de los habitantes del Tihama prefieren que sus mujeres estén "circuncidadas", para así no dudar de su fidelidad –explicó convencido, como si estuviera recitando un libro de medicina.

—¿Y a tu hija ya la circuncidaron? –pregunté, empujando al límite la confianza que habíamos cultivado durante los últimos meses.

—Sí –confesó–. Aunque solo le cortaron un pedacito.

Palabras de poder

Blog desde Yemen
4 de noviembre de 2009

La religión islámica es el eje central de la maquinaria cultural yemenita. Su influencia se descubre en el ambiente de la misma manera que el oxígeno se encuentra en el aire: engloba el territorio nacional en su totalidad y es más grande que la suma de todos los hombres que la profesan. Cada ciudad, cada pueblo, cada comunidad que sobrevive aislada en los márgenes del desierto, alberga por lo menos una mezquita que se encarga de reforzar la idea de Allah en cada uno de sus habitantes, postrando a cada morador de rodillas cinco veces al día, colmando sus cabezas con ideas divinas que los vinculan con lo eterno.

Es difícil imaginarse que cada vez que se escuchan aquellas voces vocalizando sus mantras a través de los altoparlantes que engullen la ciudad con sus melodías, veintitrés millones de personas en todo Yemen se arrodillan a alabar a Allah. Y es ahí donde radica la inmensa fuerza de la religión islámica: las palabras del Corán siempre están colmando el presente, y los tiempos de oración siempre se aproximan acechando por entre las horas, manteniendo a sus seguidores fielmente comprometidos con los principios de su dogma.

Y así como es necesario para el musulmán ungir su frente en la tierra para saturarse de la idea de Allah, así está su lenguaje rebozado de palabras y de frases que lo atan íntimamente a su religión, como si fuera imposible separar el idioma del credo, que como dos caras de la misma moneda arraigan la doctrina en un lugar imposible de extirpar, como si hombre y religión se hubieran vuelto uno y se reflejaran mutuamente en el espejo que emana de la fuente de la perennidad islámica.

Frases como *mashallah*,[2] que todo musulmán pronuncia cuando es sorprendido, o cuando pasa algo que le es imposible de creer; *barakallah*,[3] que utiliza cuando se siente muy agradecido; *alhamdulilah*,[4] que utiliza cuando se le pregunta cómo está; y *bismillah*,[5] que utiliza cada vez que realiza alguna actividad por la que siente gratitud, dominan el lenguaje árabe y cada musulmán las repite obstinadamente en sus oraciones, haciendo de la lengua el instrumento perfecto para reflejar el poder de una religión que yace anclada en la más profunda efervescencia de sus practicantes.

Pero de toda esta familia de palabras, la que más representa el carácter yemenita es la palabra *inshallah*. Con el "si Allah quiere", o "con Allah mediante", se camuflan

---

[2] Expresa apreciación, gozo, alabanza o gratitud. Aunque se utiliza como una expresión de respeto, también sirve para recordar que todos los logros son alcanzados por la voluntad de Allah.
[3] Significa "que las bendiciones de Dios recaigan sobre ti".
[4] Significa "alabado sea Dios".
[5] Significa "en el nombre de Dios".

todas las esperanzas de un pueblo que busca postrar su visión no ante la voluntad individual, sino ante la voluntad de una idea capaz de trascender la vulnerabilidad de sus carnes, que se ven abatidas día a día por la dura ley del desierto. Aquí, el hombre es solo un adorno en la brutal indiferencia que se esparce como un irascible océano listo para embestirlo, manteniéndolo siempre cerca del abismo, donde el hombre casi cesa de existir y donde aquellos que todavía merodean por sus arduos confines, usan el *inshallah* para siempre acordarse de que la última palabra no la tienen ellos.

***

Mientras me adaptaba a las dinámicas laborales de Hais, me quedaba perplejo cuando las órdenes que daba eran recibidas con la palabra *inshallah*, dejándome con la duda de si lo que acababa de decir se llevaría a cabo, o si la persona se sentaría a esperar alguna señal divina para realizar el trabajo indicado. La gran mayoría de las veces las cosas caminaban hacia delante, pero en muchas ocasiones aquella "voluntad de Allah" interfería directamente con el proyecto, dificultando los procesos y retrasando nuestro avance, y era allí donde los empleados me explicaban que había algunas cosas que era mejor no forzarlas, porque había una fuerza que decidía de antemano lo que más convenía (o lo que menos). Después de mucho batallar contra aquella actitud, que en ocasiones se utilizaba como excusa para simplemente no hacer el trabajo pertinente, me resigné a los caprichos de los hombres del desierto.

Una mañana, después de tener una larga discusión con Nasif y Hussein en la que habían sacado a relucir la palabra *inshallah* una docena de veces, decidí que ya era hora de darme una escapadita para visitar a Maha. Estaba hastiado de bregar con tanta incertidumbre, y la necesidad de salir del pueblo se me hacía apremiante. Habían pasado algunas semanas desde que habíamos tenido aquella conversación telefónica, y después del breve intercambio de palabras no la había vuelto a llamar. Por alguna razón, me imaginaba a uno de sus hermanos escuchando la conversación en un cuarto contiguo, y luego mandándome a matar por haber tratado de destruir el honor de su familia. El temor había calado tan profundo en mi psiquis, que de vez en cuando soñaba que me iban a buscar, y en el delirio podía ver cómo todos los pobladores de Hais vociferaban ¡*eib*!,[6] mientras me lapidaban en un estadio abierto.

Pero nuevamente pudo más la fuerza de la abstinencia forzosa que el temor a la muerte, y una mañana me levanté temprano, decidido a emprender el viaje hacia la capital. Salí de Hais rumbo a Sana'a vía Tai'z en un carro de transporte público destartalado, y habiendo pagado los dos asientos delanteros al lado del chofer para acomodar mis bultos, emprendí el viaje de siete horas por la carretera desolada a través de la árida cordillera de Sarawat,[7] que comenzaba en la frontera de Jordania y terminaba en la ciudad de Aden, al extremo sur de Yemen.

Aquellas montañas eran verdaderas pesadillas para quienes tuvieran miedo a las alturas, ya que debido a la carencia de vegetación, los precipicios parecían desfiladeros que desembocaban en el centro de la tierra. Agravado todo por la imprudencia del típico conductor yemenita, rasgo exacerbado por el consumo de *qat*, daba la impresión de

---

[6] Significa vergüenza en árabe.
[7] Cordillera que corre paralela a la costa oeste de la Península Arábiga. Es la cordillera más larga de toda la península.

que aquellas montañas eran cementerios camuflados, cuyas tumbas superaban los tres mil metros de altura y cuyo enterrador era la gravedad, que halaba despiadadamente cualquier vehículo hasta el fondo en caso de algún descuido.

Al acomodarme en el vehículo, noté que los cuatro pasajeros que estaban sentados en la parte trasera eran hombres, y que todos, incluyendo al conductor, atesoraban inmensas fundas de *qat* que resguardaban celosamente entre sus brazos. Cuando empezamos a desplazarnos por la monótona carretera que atravesaba el desierto del Tihama rumbo a la ciudad de Tai'z, todo marchaba bien. En el trayecto se podía ver a niños retozando con ovejos concentrados en busca de retazos de verdor entre la inmensa aridez. Una manada de camellos era guiada por un viejo que caminaba paralelo a la carretera y parecía flotar por un invisible sendero hecho especialmente para su usanza. El aire caliente se filtraba por las ventanas como una guillotina capaz de cortar el aliento a los que se atrevían a respirarlo muy de pronto, forzando nuestras cajas torácicas a inhalar meticulosamente, endurecidos como estatuas para no sucumbir a las agonías del sudor.

Justo cuando las primeras colinas de la cordillera de Sarawat comenzaron a vislumbrarse en el horizonte, las fundas de *qat* empezaron a chirriar mientras manos nerviosas las abrían con apuro, listas para deshojar las ramitas que apaciguarían sus ansias. Al pasar la ciudad de Tai'z, punto en que la cordillera se ensanchaba como una gigantesca planta carnívora ansiosa por desayunarse algún vehículo, la situación comenzó a tensarse. En la visión despabilada de aquel chofer, al parecer, la carretera no era ese trillo donde la muerte acechaba en cada curva, sino una de esas autopistas alemanas donde los límites de velocidad son inexistentes y donde el acelerador y el suelo del vehículo podían llegar unidos al destino que buscaban.

Cuando mi tranquilidad comenzó a quebrantarse y la necesidad de advertirle al chofer que bajara la velocidad llegó a su límite, volteé la cabeza para tratar de hacer empatía con alguno de los cuatro pasajeros que iban en la parte trasera y conseguir apoyo para manifestar al maniático que si seguía así, no llegaríamos jamás a la capital. Nunca olvidaré la bucólica escena con la que me encontré: cuatro hombres con rostros de becerros recién amamantados, masticando indiferentes sus hojas, como si estuvieran dando un paseo en alguna góndola veneciana, mientras observaban una idílica puesta de sol.

Al notar que la responsabilidad de nuestras vidas estaba por completo en mis manos, le ordené al chofer que por favor bajara la velocidad. El chofer giró la cabeza con calma, y con todo el sosiego del universo me dijo: "No te apures, mi querido amigo, que *inshallah* llegaremos a Sana'a".

—¿*Inshallah*? –inquirí alarmado–. ¿Cómo que *inshallah*? ¿Pero no te das cuenta que en este caso ese *inshallah* depende mucho de ti, que Allah te ha dado la responsabilidad de llevarnos en un solo pedazo a Sana'a, y él está confiando en tu juicio para que no terminemos en el fondo de esta cordillera? –voceé a todo pulmón, dirigiendo la mirada hacia los otros pasajeros para ver si habían despertado de su letargo y conseguía el apoyo que tanto anhelaba, pero encontrándome nuevamente con la escena pastoral de antes.

El chofer, para callarme y poder disfrutar de sus deliciosas hojitas, disminuyó la velocidad por alrededor de cinco minutos, aunque no tardó en volver a la misma locura cuando cerré mis ojos para ver si acortaba el tiempo de aquella aventura tortuosa. Al ver que mis esfuerzos eran en vano, le pedí a Dios que, *inshallah*, llegáramos vivos a Sana'a, y cuatro horas después bajé del vehículo jurando jamás volverme a montar en un transporte público, tembloroso porque, *inshallah*, había llegado a la capital.

Cuando finalmente las calles de Sana'a me recibieron, experimentaba ese exquisito estremecimiento que solo era capaz de transmitir la tibieza de la piel femenina, y estaba preparado para asumir cualquier riesgo con tal de verme aunque sea por un segundo bajo su encanto. Y no bajo los encantos de cualquier mujer; deseaba con todo mi ser encontrarme bajo los encantos de Maha, esa a quien ni siquiera le había visto el rostro.

***

Caminé hasta un hotel, pagué el fin de semana, y después de acomodarme, saqué el celular dispuesto a llamarla. Como siempre, mi corazón comenzó a retumbar en el pecho, asustado. Por alguna razón, cada vez que me disponía a contactarla me sentía a punto de lanzarme de una montaña rusa.

—*Ahlan*, Maha.

—¿*Habibi*?

—Sí, soy yo, amor.

—¡Qué sorpresa! –dijo–. Tenía pensado llamarte para que trataras de venir este fin de semana a Sana'a, ya que mi familia se va de viaje y estaré quedándome con una amiga en una pensión de señoritas.

—¿Una pensión de señoritas? –pregunté.

—Sí, es donde viven todas las chicas que asisten a la universidad. Es un recinto cerrado, compuesto de apartamentos donde viven cientos de mujeres.

—Pues te tengo una sorpresa –dije entusiasmado–. ¡Ya estoy aquí, y estoy loco por verte!

—¡*Alhamdullillah habibi*! –vociferó Maha.

—¿Y cuándo podremos vernos? –pregunté.

—¿Qué te parece si mañana te llevo a que conozcas Bayt Baws, una ciudad abandonada que se encuentra en las afueras de Sana'a?

—Perfecto –dije–. Mañana temprano te llamo.

—*Tamam, habibi* –dijo Maha–. No te imaginas lo contenta que estoy de saber que pronto te veré –suspiró.

***

A la mañana siguiente, Maha me esperó en Bab-al-Yemen, la puerta de entrada a la ciudad vieja, con su rostro y cuerpo cubiertos y unos ojos tan henchidos de emoción que podían atravesar paredes.

—*Habibi*, estoy nerviosa –fue lo primero que dijo–. Vamos a tomar un taxi para Bayt Baws, pero en todo momento tienes que portarte como si fueras mi hermano.

—Pues no tengo problema con eso –dije.

—Bien. *Inshallah*, no tendremos inconvenientes.

Nos montamos en un viejo taxi y nos dirigimos a la ciudad abandonada. Durante todo el camino, podía observar cómo el taxista nos ojeaba por el retrovisor, sospechoso de la extraña parejita que había poblado su vehículo. Nos quedamos en silencio, indiferentes. Su mirada no era de agrado, y un intenso nerviosismo comenzó a invadir mi sistema, aunque antes de paralizarme por completo, llegamos al lugar y le pagamos el viaje.

Cuando salimos del vehículo, me quedé pasmado por la visión que me encontré: asentada sobre una roca colosal donde cimentaba sus raíces desde hacía centurias, las ruinas de Bayt Baws acechaban a Sana'a desde su frontera limítrofe, como un vestigio del pasado que buscaba regresar del olvido. Comenzamos a caminar por sus callejuelas desiertas, y al verme acompañado de aquella mujer a la que nunca le había visto el rostro, recorriendo aquella ciudad fantasma donde el tiempo parecía no correr, me sentí situado en un lugar donde ni yo mismo podía alcanzarme.

Con cada paso que dábamos en sus calles, rememorábamos un pasado que se camuflaba en cada peñasco, en cada retazo del lenguaje de Saba,[8] y en la reveladora presencia semítica que una vez pobló sus calles; memorias que solo persistían en los oscuros callejones de aquellos dispuestos a recordar. La acogedora aldea era un santuario donde resultaba posible rememorar la entrañable fraternidad compartida por musulmanes y judíos que se notaba a leguas al ver la mezquita y la sinagoga colocadas adyacentemente, entrelazadas en una arquitectura que no iba acorde con la realidad ahora predominante. Al ver aquello, mientras inhalaba el perfume de mi yemenita, que se mantenía fielmente a mi lado, tenía la impresión de que, al igual que aquella realidad, Maha estaba dispuesta a romper con todas las convenciones sociales en un intento de descubrirse bajo las alas del amor.

—Siempre me conmueve venir aquí –dijo Maha cortando el fino silencio–. Hoy en día tratar de entrar a Yemen con un pasaporte estampado con un sello israelita es casi imposible. Una vez localizada la estampa, el pasajero debe quedarse custodiado en el Departamento de Inmigración

---

[8] El Reino de Saba es mencionado en el Antiguo Testamento y en el Corán como un reino rico, conocido a través de Makeda, la célebre reina de Saba, que habría visitado al rey Salomón. La extensión real de este reino es desconocida, aunque existen hipótesis que señalan que se encontraba en el sur de la Península Arábiga (actual Yemen). Otros creen que estaba en Somalia, e incluso algunos piensan que el reino abarcaba ambas zonas.

hasta que pueda tomar otro vuelo de regreso hacia el lugar de donde provino. Los israelitas nos consideran una nación enemiga, y nuestros países no tienen ningún tipo de relaciones diplomáticas. Pero esto no siempre fue así. En el año 1946, Yemen contaba con una población de cincuenta mil judíos, con casi seis mil viviendo aquí en Sana'a. Aunque no tenían el mismo estatus que nosotros los musulmanes, se les valoraba como ciudadanos y se les consideraba indispensables para la economía. A diferencia de Europa, donde sufrieron persecuciones sistemáticas que culminaron con el genocidio de la Segunda Guerra Mundial, aquí en Yemen siempre pudieron vivir una vida de relativa paz y tranquilidad. Llegado el año 1947, cuando las noticias del plan de la ONU para la partición de Palestina fueron conocidas, se registraron persecuciones contra judíos en Aden y en Sana'a, lo que junto a motivaciones económicas y religiosas, trajeron la Operación Alfombra Mágica, que logró sacar del país a casi 49,000 judíos yemenitas y 500 judíos de Djibouti y Eritrea entre junio del 1949 y septiembre de 1950. Según estadísticas oficiales, se dice que la operación realizó 380 vuelos con aviones americanos y británicos en una acción secreta que no fue divulgada hasta meses después —explicó.

—Increíble —dije—. No tenía la más mínima idea de que supieras tanto sobre el tema judío en tu país.

—Estudié Historia en la Universidad de Sana'a y ese fue el tema de mi tesis.

—¡Pues cuéntame más! ¡Tengo que aprovechar a la especialista!

—Y no una especialista cualquiera. Fui la mejor estudiante de mi promoción —dijo orgullosa.

—Maha, eres una hermosa caja de sorpresas —dije—. Sígueme contando, por favor.

Maha se quedó mirándome a los ojos, pretendiendo sentirse avergonzada, y luego siguió avanzando por las calles desoladas.

—Bueno, como te decía, los últimos pobladores de Bayt Baws residieron aquí hasta principios de los noventa —continuó—. Hoy solo queda una familia que decidió no abandonar la tierra de sus antecesores, algo que los convierte en la voz y el espíritu de este poblado relegado a las crueldades del tiempo.

En ese momento nos paramos frente a una puerta tallada con elaborados adornos y que podría pertenecer a cualquier museo debido a su impecable belleza. Tocamos hasta que un hombre entrado en edad nos abrió.

—Quiero presentarte a mi amigo Mohammed Bashar —dijo Maha—, la cabeza de esta familia. Cuando estuve haciendo mi tesis, Mohammed fue mi principal colaborador, y aunque es musulmán, conoce a fondo la relación que existía entre musulmanes y judíos antes de la creación del estado de Israel; él te puede contar mucho sobre la historia de este pueblillo tan especial.

—Oh, Maha, ¡qué sorpresa! Por favor entren, ¡pasen adelante! —dijo el hombre mientras abría de par en par las puertas de su antiquísima residencia. Parecía un santuario inundado de secretos donde resonaba la música de otros tiempos.

—Mohammed, mi amigo es un investigador extranjero que ha venido a conocerte. Le he contado todo sobre tu familia, y le he explicado que son los últimos valientes que todavía viven aquí —dijo Maha guiñándome un ojo.

Al irnos sumergiendo en la oscuridad de la morada, me estremeció la simplicidad que encubría sus paredes y dejaba filtrar una pobreza camuflada en las arcaicas apariencias desnudadas por la sobria luz de una lámpara de gas.

—Por favor, toma asiento –indicó Mohammed, e hizo señas a una mujer de rostro velado que nos dejó una bandeja con dos tazas de té en la puerta de la habitación. La mujer, que asumo era su esposa, haló a Maha por el brazo y se la llevó hacia otra habitación.

Después que repasamos las formalidades geográficas y culturales que se entablan en las primeras conversaciones entre desconocidos, Mohammed continuó con el tema como si Maha le hubiera recordado sus días de investigadora.

—Nuestros hermanos judíos vivían de aquel lado del poblado –dijo Mohammed con retazos de nostalgia en su semblante, mientras señalaba hacia un lugar donde se avistaba un puente de piedra que se extendía sin vida, marchitado por las olas del tiempo–. Para que entiendas la relación que albergábamos en aquella época, es necesario que te haga una historia.

Con toda la calma de sus ademanes, bebió un sorbo de té y se echó unas cuantas hojas de *qat* en la boca, empañando el sonido de sus palabras, que se ahogaron en un silencio premeditado, como dándole chance a su memoria para que volviera a sacar de su intangible marea aquellos recuerdos que llenaban sus ojos de ilusión.

Otros tiempos; otras épocas

Blog desde Yemen
17 de noviembre de 2009

«Es la historia de mi primo Ali Ahmed, nacido y criado aquí en Bayt Baws –dijo Mohammed–. Ali siempre fue un joven despierto, apasionado por cualquier causa que le acariciara el corazón. Tenía docenas de amigos y su carisma era capaz de inducir un estado hipnótico en cualquiera que tuviera oídos.

En 1973, cuando Ali tenía veintisiete años, un soldado egipcio llegó a Bayt Baws buscando voluntarios para llevar a cabo un ataque sorpresa en Israel, nación aborrecida por la mayoría de los yemenitas, especialmente después de la Guerra de los Seis Días, donde todos los árabes quedamos abochornados. Ali fue el primer voluntario que se inscribió para partir en un vuelo secreto que salía al día siguiente, junto a una treintena de hombres de otros poblados que buscaban reivindicarse en la lucha de poderes que plagó el Medio Oriente durante aquella década turbulenta. Al haber estado consternado por la situación de sus hermanos palestinos, que habían sido oprimidos, pisoteados y degradados desde que se había fundado el estado de Israel, Ali no podía estar más contento.

Una mañana de octubre, Ali Ahmed partió hacia el Cairo, donde un numeroso ejército esperaba la señal para librar la batalla por la causa palestina. El plan era atacar en *Yom Kippur*, día de la expiación en Israel, y avanzar por la Península de Sinaí y los Altos de Golán, que habían sido ocupados por los israelitas desde su avasallador triunfo en la Guerra de los Seis Días.

Todo comenzó bien. A Ali le tocó avanzar con la brigada que penetraría por la Península de Sinaí, para lo cual tenía que atravesar antes el Canal de Suez y doblegar por esa vía a los israelitas, que estarían luchando en contra de los sirios, quienes avanzarían desde el Norte. A los tres días, su brigada comenzó a flaquear, al ser confrontados por un brioso contraataque israelí que destruyó la mayor parte de su maquinaria beligerante, y muchos de sus compañeros fueron acribillados en plena batalla.

Ojalá, inshallah

Mientras Ali Ahmed yacía tendido en la arena del caliente desierto de Sinaí, adolorido por una esquirla de metal que había traspasado su pierna, fue apresado y llevado junto a decenas de soldados egipcios a una base militar. Allí fue torturado y forzado a presenciar el fusilamiento de varios de sus compañeros que se negaron a cooperar con la inteligencia israelita. Pasaron los días y las fuerzas de Ali sucumbían con cada zambullida en la cubeta de agua que utilizaban para acercarlo a la muerte, y que lo iba convirtiendo en un espectro entregado a su destino incierto.

Una tarde, un teniente israelita recién asignado a la base militar se preparaba para cuestionar lo que quedaba de Ali.

"¿Por qué crees que estás aquí?", le preguntó el teniente de manera autoritaria, mientras jugaba con un cilindro de metal que usaría para facilitar el interrogatorio.

"Soy de Bayt Baws, el pueblo más hermoso de todo Yemen, y vine aquí a defender a mis hermanos palestinos", murmuró Ali.

"¡¿De dónde dijiste que eres?!", exclamó el teniente dejando caer el cilindro de metal, que resonó contra el suelo.

"Bayt Baws", espetó Ali delirando entre las garras de la muerte.

"¿Y a qué familia perteneces?", preguntó el teniente suavizando su voz.

"Soy un Hashemi", respondió el prisionero sin percatarse de la reacción del teniente, que se entumecía en su posición sin saber cómo proceder.

"¡Ali, ay Ali! Hoy es tu día de suerte. Aunque no lo creas, somos casi hermanos", dijo el teniente bajando la voz. "Mi familia salió de Bayt Baws hace más de 20 años, pero mis recuerdos más preciados son de aquel lugar, al que añoro profundamente", musitó mientras los ojos confundidos de Ali adoptaban un brillo extraño.

"Voy a ver cómo te saco de aquí", dijo el teniente antes de salir de su celda.

A las pocas horas del encuentro con el teniente, Ali Ahmed comenzó a pensar que todo había sido un sueño. Un estúpido delirio provocado por el sufrimiento que lo había comenzado a corroer desde adentro. Pero una vez más el teniente se apareció en su celda. Lucía nervioso, como un hombre a punto de cometer una estupidez de la que se arrepentiría toda su vida. Sin mucho mediar, le lanzó una muda de ropa igual a la que él llevaba puesta, y le ordenó que se vistiera lo más rápido posible. Ya vestido Ali de oficial, lo tomó por el brazo y salieron de la prisión sin levantar sospechas. Cuando llegaron al vehículo del teniente, Ali se montó en el asiento del pasajero y lo vio conducir durante horas hacia la oportunidad de regresar a su tierra derrotado, pero vivo para contarlo.

Llegaron a lo que parecía un puesto fronterizo, donde el teniente le explicó a Ali que escapándose por aquella vía era la única posibilidad que tenía de sobrevivir. Ali caminó hasta el lindero, donde un hombre le ordenó que se montara en otro vehículo que lo esperaba a pocos metros, y antes de apreciar el gesto en su totalidad, Ali ya partía hacia la vida que había abandonado, donde siempre se acordaría de aquel misterioso teniente que lo había salvado, y de aquellos lazos que van más allá del honor y la sangre, forjados en un pasado y unas memorias resguardadas para siempre en las arterias de algunos pueblos».

***

—Mohammed, ¿y qué ha sido de Ali? –pregunté.
—Ali murió hace unos años. Lo sepultaron aquí mismo, en Bayt Baws –concluyó Mohammed.

Al mirar por la ventana, alcancé a vislumbrar el poblado estremeciéndose de color con los últimos rayos de sol que albergaba la tarde. Nos terminamos de beber la taza de té observando la danza de luces que destellaban en las piedras y reflejaban la incorpórea cadencia del atardecer. Momentos después, Maha regresó y me indicó con un sutil gesto que ya era hora de irnos. Al despedirme de mi anfitrión y descender las escaleras de su residencia, una emanación de esperanza surgió de aquel lugar que se perdía entre las sombras del vetusto poblado, añejo y relegado a los confines de la noche, pero aún capaz de desvelar lo que pudo haber sido aquel Medio Oriente de antaño.

***

Salimos de Bayt Baws rumbo a Sana'a en un taxi, sin tener idea de cómo continuaría desarrollándose nuestro encuentro. Era imposible invitar a Maha al hotel donde me estaba alojando, ya que nos pedirían nuestro certificado de matrimonio, y además, no tenía idea de si ella quería llegar a tales niveles de intimidad con un hombre extranjero, no musulmán, que no tenía intención alguna de entablar una relación duradera con ella. Tenía tantas ganas de descubrirle ese rostro, quitarle esas vestiduras, y quererla como estaba acostumbrado a hacerlo, que mi juicio estaba totalmente nublado. Parte de mí se había olvidado de la tierra donde me encontraba, como si mi cuerpo estuviera en Yemen y mi mente en la isla donde había nacido, allí donde hombres y mujeres tenían la libertad de explorarse a su gusto.

Conversamos en el trayecto hacia la capital sobre temas que no tenían nada que ver con lo nuestro, ya que para los ojos del taxista, ella y yo éramos "hermanos practicando el inglés". Sin percatarme del recorrido que habíamos hecho, el taxista llegó hasta el hotel donde me estaba alojando, y Maha me suspiró en voz baja: "*Habibi*, espero verte pronto", y se despidió sin siquiera tocarme las manos. Salí del taxi todavía sin saber qué carajo hacer, comenzando a sentir la frustración a flor de piel. Tenía casi seis meses sin disfrutar la compañía de una mujer, y las ganas de estar con Maha me traían sofocado. Sabía que tenía que regresar al día siguiente al purgatorio donde trabajaba, allí donde los días se consumían como hojas de *qat*, rodeado de hombres.

Subí a la habitación y encendí la televisión sintiendo un nudo asfixiante, y me acordé de que la familia de Maha estaba fuera del país. Me la imaginé charlando con su amiga, acompañada por lo menos de otro ser humano, algo que anhelaba intensamente. Después de esperar un par de horas, tomé el celular y marqué su número, resuelto a convencerla de que hiciéramos lo posible para vernos esa noche.

—*Ahlan, habibti* –suspiré.

—*Ahlan* –respondió.

—*Habibti*, no puedo regresar a Hais sin volverte a ver. Me tengo que ir mañana a primera hora y estoy dispuesto a hacer lo que sea para que nos juntemos esta noche. ¿Crees que pueda verte? –me atreví a preguntar.

La respiración de Maha pasó de ser suave y rítmica a sorbos de aire que envestían el auricular. Hasta ese momento no me había dado cuenta de la gravedad de mi propuesta.

—*Habibi*, sé lo que quieres –dijo Maha–. Y aunque no lo creas, yo lo quiero también.

En ese momento, *mi* respiración pasó a ser sorbos de aire que envestían el auricular.

—Escucha lo que vamos hacer –prosiguió Maha–. No puedes venir aquí porque ya es muy tarde para tratar de convencer a mi compañera de cuarto, pero si quieres nos podemos juntar en un callejón que hay detrás de la pensión donde me estoy quedando. Allí nadie nos puede ver porque solo hay oficinas rodeando la calle. Podría explicarte cómo llegar y nos juntamos allí en media hora. ¿Qué te parece?

—Perfecto –dije, incapaz de contener la emoción que se filtraba en mi voz.

Después de explicarme cómo llegar al lugar, salí del hotel dispuesto a provocar a una de las ciudades más conservadoras de todo el planeta. La noche estaba helada e inducía una ola de escalofríos por todo mi cuerpo. Caminé apresurado, respirando la hostilidad que emanaba de cada cosa que se movía, como si la ciudad hubiera cobrado vida y le concediera fuerzas a la paranoia que ya venía creciendo en mi interior.

A los diez minutos llegué a la pensión y me paré en una esquina desde donde podía ver el callejón sin salida. Continué caminando hacia el interior del pedacito de calle, y esperé a que Maha llegara. Cada minuto parecía alargarse insoportablemente, y se me estaba haciendo difícil controlar mi cuerpo, que temblaba. Cuando estaba a punto de devolverme al hotel, un fantasma velado se filtró por entre el misterio de la noche. Podía distinguir que era la silueta de Maha por su estrecha figura y grácil manera de caminar. Cuando se paró frente a mí, suspiró "mi amor" en tono muy bajo, usando el español que le había enseñado mientras caminábamos por Bayt Baws, y se levantó el velo que me había impedido verla desde el primer encuentro.

Al verle el rostro, dejé de respirar por unos segundos y me quedé estupefacto por lo hermosa que era. Aunque me había imaginado su rostro por la delicadeza de su voz y sus gestos apacibles, nunca pensé que la hembra sería tan bella. Sus labios poseían la elegancia de un objeto tallado a mano, y su nariz era larga y perfilada, justo debajo de las dos estrellas que me habían hipnotizado desde el primer día en que nos conocimos. Todos sus elementos faciales estaban armonizados de manera tan perfecta, que hubiera querido guardar para siempre la imagen de su rostro. Maha sonrió y dijo: "Bésame". Miré hacia ambos lados para confirmar que no había nadie merodeando por los alrededores, y la besé como se besa una fruta madura, acoplando mis labios con los de ella y liberándolos en un éxtasis que se encontraba justo en el medio entre el placer y la paranoia. La acerqué hasta que sentí su cuerpo temblando entre mis manos, las curvas de su cadera ajustadas entre mis codos.

—*Habibi*, tengo que irme –dijo cerrando las puertas del paraíso–. No te imaginas el problema en que me vería envuelta si alguien nos encuentra aquí. Pero te prometo algo: la próxima vez que vengas buscaré la manera de que nos veamos por más tiempo.

Nos despedimos con un último beso y estuve a punto de decirle que la quería, pero las palabras nunca salieron de mi boca. Después, cada quien caminó en dirección opuesta hasta que el encuentro pareció haber sido una alucinación, un sueño mojado que hubiera concebido un adolescente.

***

Regresé al hotel a media noche. Podía sentir en cada poro la presencia de Maha, su esencia rebelde perdida en mis adentros, buscando refugiarse en el lugar donde más la deseaba. Cuando entré a la habitación, me quité la ropa y me metí bajo las sábanas. Cerré los ojos y traté de convencerme de que todavía seguía a mi lado: su cuerpo cálido, acogedor, donde el tiempo se deshacía entre sus pechos y todo el espacio se condensaba en ella, que fungía como el centro de mi mundo. Pude advertir a mi organismo quebrarse bajo la estela de su silueta afrodisíaca y bajo sus labios henchidos de sabor a mí. Con su contorno incrustado entre ceja y ceja, comencé a sentirme más ligero, a notar cómo mi sexo se dejaba engañar por su espejismo, que deambulaba como una maga por debajo de mi piel. Y mientras más la invocaba, más fuerza cobraba su espectro en mi interior, catapultándome en un temblor colosal por donde finalmente su esencia logró escapar.

Al levantarme al día siguiente, caminé hasta la estación de carros del transporte público y tomé el primer vehículo que partía hacia Hais. Durante todo el trayecto pensé en ella, en sus labios voluptuosos, en su mirada de hechicera, en la manera en que doblaba el cuello para que mi boca se ajustara a su medida, y en la forma que su cuerpo se llenaba de espasmos con cada caricia que le soplaba a su piel. Durante las siete horas de camino, entré y salí de aquel exquisito trance donde la traía de regreso con la fragancia que había dejado sobre mis manos. Pero, por desgracia, ya estaba llegando a Hais, donde volvería a dormir bajo las estrellas y donde aquella noche tan sublime y deliciosa quedaría sepultada bajo las carencias que tenía que soportar en mi colchón vacío, junto a las aves de rapiña que velaban mis amaneceres. Mi vida, concluí, se había convertido en un albergue para la más puritana de las soledades, donde de vez en cuando Maha se filtraba por las paredes y llegaba a mi celda a concederme un beso.

***

Layla Shubeil entró a mi oficina riéndose. Con sus ojos saltones me miró, bajó la cabeza, y se llevó la mano a la boca queriendo disimular su regocijo. Corrió hacia mi escritorio, tomó un papel en blanco y me dibujó un corazón. Cuando terminó, me lo ofreció retozona y volvió a enseñarme sus dientes, desplegándolos en una grácil sonrisa. Con sus manos me hizo señas que traté de interpretar. Creo que intentaba decirme que me quería mucho.

Layla tenía once años y era sordomuda. Era una de las niñas más alegres que había conocido en toda mi vida. Yusra, la fisioterapeuta, se dio cuenta de su presencia en mi departamento y le comandó:

—¡Layla, sal! ¡No molestes al jefe, que está muy ocupado!

Por supuesto, Layla ignoró su mandato y permaneció a mi lado, procediendo a utilizar la hoja para trazar otros dibujos. Aunque era incapaz de escuchar las palabras de Yusra, ella conocía sus intenciones. Y, claro está, no quería marcharse. Cuando estaba conmigo, nadie más parecía importarle. Su presencia abastecía mi oficina de luz, como si de su tez canela, sus ojos respingones, y aquella eterna sonrisa que nunca abandonaba su rostro se filtrara una constelación de estrellas. Está de más decir que Layla andaba con el rostro descubierto, siendo esta la última prueba de su rebosante niñez.

Antes de regresar a mi país para las Navidades, me despedí de Layla y de todos los integrantes del Centro de Rehabilitación para ausentarme del ancestral cosmos yemenita por dos semanas. El desamparado paisaje de camino a Hodeidah, donde se encontraba el aeropuerto más cercano, fue coronado con una goma pichada y un chofer quejoso de los cigarrillos que fueron encendidos durante el trayecto. De allí, haría una breve escala de dos horas en Sana'a para partir hacia Nueva York, desde donde viajaría a mi destino final, Santo Domingo.

Ya rumbo al aeropuerto JFK, mientras sobrevolaba el desolado paisaje, el perpetuo panorama de montañas escalonadas y poblados remotos se alejaba vigorizado con la inconfundible turbulencia que simbolizaba todo lo que había sido, todo lo que era, y todo lo que sería el Medio Oriente. Cuando el Boeing 767 comenzó a estabilizarse sobre el cielo despejado, Arabia Saudita se reveló completa, dejándonos entrever la sagrada ciudad de La Meca, santuario reservado únicamente para los que han aceptado la religión de Mahoma en sus corazones y los que en aquel momento podíamos observar su solemnidad desde los cielos.

Unas horas después, el avión aterrizó en la ciudad de Nueva York. La chocante visión de hombres y mujeres absortos en el caos del mundo moderno, tratando con ganas de expresar su individualidad desde la velocidad angustiante en la que todo parecía moverse, provocó en mí unas cuantas lágrimas de emoción. Comparando aquellas imágenes que transcurrían vertiginosas con las que había dejado atrás en Yemen, comencé a sentir que poseía las llaves de un reino prohibido del que me habían hecho cómplice para ampararlo de las garras de la modernidad. Sin duda, algo se había perdido en los irreflexivos rostros que andaban maquinales, deambulando por las terminales. Mientras caminaba por los largos pasillos del JFK, la impalpable atmósfera yemenita se disipaba sin dejar huellas. Antes de llegar a migración, había comenzado a sospechar lo que me esperaba.

—¿Qué hace un dominicano con pasaporte americano residiendo en Yemen? –preguntó el agente olfateándome, quizás esperando percibir algún rastro de pólvora.

—Trabajando –respondí.

—Pase por aquí, caballero. Le queremos hacer unas cuantas preguntas –indicó.

Mientras me dirigía hacia el cuarto de los sospechosos, una decena de rostros familiares me dieron la bienvenida con una indignada expresión y con un vaporoso espasmo facial. Al parecer, la mayoría de los que veníamos en el vuelo 822 procedente de Sana'a nos encontrábamos allí, incluyendo a dos hermanos yemenitas de doce y catorce años que se habían sentado detrás de mí.

—¿Y por qué tenemos que pasar por esto? –preguntó el hermano menor.

—Parece que creen que todos somos terroristas –respondió irritado el mayor.

—¿Sabes tú por qué estamos aquí? –me preguntaron los dos, casi al unísono.

—Al parecer, todos los que salimos de Sana'a estamos aquí, ¿no se han dado cuenta? –respondí.

—¡Esto es estúpido! –irrumpieron los adolescentes.

Mientras los oficiales se disponían a cuestionar a los jóvenes, sus cuerpos estremecidos y rostros consternados jadeaban.

—¿Y usted, qué hace en Yemen? –preguntaron al llegar mi turno.

Aunque expliqué una y otra vez que trabajaba en una organización cristiana con base en los Estados Unidos, los oficiales parecían no entender nada.

—¿Comprende usted que el hecho de vivir en Yemen lo convierte en un posible enemigo de este país? –preguntó uno de ellos tratando de intimidarme.

—Pues no lo sabía –respondí. Comenzaba a perder la paciencia.

Después de ser interrogado por lo que pareció una eternidad, me dejaron proceder a la terminal de donde saldría el vuelo 927 con destino a Santo Domingo. Llegué a la zona de embarque y me encontré con decenas de dominicanos esperando a que saliera el vuelo. Era sorprendente cómo hombres y mujeres interactuaban de manera abierta y fluida, hablando y riendo sin ningún tipo de restricción. Un hombre que leía un periódico piropeó a una de sus paisanas cuando le pasó por el lado vestida con unas licras apretadas que resaltaban unas imperiosas nalgas donde se leía *"made in DR"*, y una blusa corta que dejaba al desnudo su ombligo perforado con un arete. Después de vocearle: "Dios mío, mami, ¿y to eso e'tuyo?", el hombre regresó a su periódico tranquilo, como si nada hubiera pasado.

Unas horas después, el avión sobrevolaba las fértiles llanuras de la región norte de la isla, donde el verdor brotaba de la tierra como si tratara de alcanzar el cielo. Cuando aterrizamos, los pasajeros irrumpieron en un aplauso estruendoso y algunos gritaron: "¡Hoy se beeebe!", mientras los demás afirmaban con sus manos y sonrisas. Cuando salimos del avión, un comité de músicos artillados con instrumentos locales nos recibió con el merengue clásico *Compadre Pedro Juan* y un centenar de vasos de ron que volvieron más anchas las sonrisas y aún más altas las carcajadas. Después de tantos meses masticando *qat*, ¡qué alivio era sentir un ron Barceló bajando tibio por mi esófago!

Tras buscar mis maletas y salir del área restringida, mis padres me recibieron con besos y abrazos. Se sentía maravilloso estar con ellos luego de tanto tiempo separados, y aunque estaba rodeado de todo lo que me había sido normal durante la mayoría de mis años, la realidad de mi país había adquirido un aire de extrañeza, un halo de inquietante novedad que saturaba cada marco del entorno, como si me hubiera vuelto incapaz de percibirla de igual manera.

Subimos las maletas al carro y atravesamos la ciudad de Santo Domingo, que ya había sucumbido a las mociones de la noche. Cerca del hogar, mientras esperábamos a que cambiara el semáforo en la avenida Sarasota, un grupo de prostitutas nos hicieron señas para que aceptáramos sus servicios, sus siluetas provocadoras distinguiéndose a medias entre las sombras. Antes de que el semáforo cambiara, una de ellas se acercó a mi ventana, pero al ver a mi madre sentada en el asiento del pasajero, reaccionó y se aproximó a otro vehículo a ofrecer más de lo mismo.

Cuando llegamos a la casa, todo parecía estar bien. En la calle no se avistaba ningún movimiento, y Mimo, el perro de mi madre, ladraba desde una ventana, excitado por nuestra llegada. Mientras sacábamos las maletas, el runrún de unos motores cortó la afonía. Mimo comenzó a ladrar más fuerte, y cuando levanté la mirada, uno de los motoristas ya había saltado de su vehículo y me apuntaba con una pistola directo al entrecejo. "Dámelo todo, maricón", comandó. "Y mira pa' bajo pa no volarte el cocote".

Era imposible pensar que llegando de uno de los países (supuestamente) más peligrosos del mundo, fuera a morir a las puertas de mi casa. Cuando logré sacar la cartera de mis bolsillos traseros, volví a subir la cabeza para pasarle los artículos y el motorista gritó más fuerte: "Maricón, te dije que bajes la maldita cabeza". De reojo, pude ver cómo hacían lo mismo a mis padres, que sabiamente cooperaban con los delincuentes. Mi padre, cinta negra de kárate, y al que toda la vida le había dicho que en Santo Domingo no valía de mucho el saber defenderse, se quedó paralizado sintiendo el revólver pegado en la espalda. Después que nos vaciaron los bolsillos, se montaron en sus motores y se perdieron en la oscuridad. Aunque todo duró menos de treinta segundos, entramos en la casa aterrados, dándole gracias a Dios por habernos permitido sobrevivir el encuentro. Había llegado a mi tierra, de eso no había duda.

***

Era cierto; había llegado a mi tierra. Pero así como en República Dominicana y en otros países de América Latina la delincuencia era parte del diario vivir, así también la alegría y un constante estado de regocijo se sentía casi siempre a flor de piel. Y como era de esperarse, no existía mejor época que la navideña para presenciar el total desborde de felicidad que se vivía en cada hogar, en cada comunidad, en cada ciudad que se entregaba de lleno al compartir, al merengue, a la constante ingesta de cerdo asado, a las lucecillas rojas y azules que revestían todas las casas, y que ahora, en medio de mis quince días de vacaciones, saciaban mi ser de todo lo que me había hecho falta durante la primera mitad de mi estancia en Yemen.

En la velada de Nochebuena, toda la familia se reunió en casa de mi abuela, y allí, bajo el flujo de ponche y pasteles en hoja, encarnamos la esencia del espíritu navideño. Como consecuencia del aislamiento cultural al que había estado expuesto, podía sentir un sobrecogedor agradecimiento por cada uno de los miembros de mi familia, y sabía que nunca los había apreciado tanto como esa noche. A pesar de que los yemenitas eran en extremo hospitalarios y me habían hecho sentir como en casa, nada podía compararse al hecho de poder reírme, conversar, degustar cada bocado de felicidad con esa intensidad de emociones que ahora me asaltaba. Y por supuesto, como parte de mis continuos choques y bofetadas culturales, lo primero que hice cuando sirvieron la cena fue valerme de mis manos para servirme la comida, acción que de inmediato fue recibida con carcajadas por todos los presentes.

—¡Lo hemos perdido! –dijo mi padre en son de burla–. Tanto dinero gastado en educación y miren cómo el muchacho se sirve.

—Bueeeno, si el hombre sigue así tendremos que retenerle el pasaporte para que no vuelva, porque si lo dejamos regresar llegará con cuatro esposas y buscando que todos nos convirtamos al Islam –dijo uno de los primos.

Y entre toda la burla y el jolgorio, una vocecita comenzaba a susurrarme en mis adentros, recordándome que muy pronto volvería a estar aislado de toda influencia occidental. Esto, sin duda, había que disfrutarlo al máximo.

***

Uno de esos días, recibí un correo electrónico de parte de un programa de televisión local, que me invitaba a relatar las vivencias en Yemen durante los primeros meses de mi estancia. Acepté la invitación y me dirigí a los estudios de una de las cadenas televisivas más importantes del país, donde se desarrollaba el programa de La Megadiva, una comunicadora y modelo que había adquirido cierto grado de fama en el ámbito nacional. Cuando entré a las instalaciones y dije mi nombre, me llevaron de inmediato a los camerinos, donde me empolvaron la cara con la excusa de que las cámaras reflejaban demasiado el brillo facial, y por ende, era necesario opacarlo. Cuando terminaron, la mujer me guio hasta la puerta del estudio donde se encontraba La Megadiva, y me apuntó en su dirección.

Desde que entré, noté que todos esperaban por mí: el *set* estaba listo, los camarógrafos en posición, y La Megadiva sentada en medio de un largo mueble blanco. Cuando me vio, se paró a esperarme y me fijé que tenía puestos unos tacos amarillos que la elevaban a casi medio pie sobre mi cabeza. A medida que me fui acercando, noté que La Megadiva lloraba, humedeciendo las pestañas postizas que cargaba sobre los ojos.

—Hola, ¿qué le pasa? –pregunté.

—Cariño, perdóname –dijo La Megadiva con voz afectada–. Es que soy muy sensible y se me hace muy difícil hablar sobre la situación de la mujer musulmana. Cada vez que pienso en ellas, presas detrás de esos velos, se me destroza el corazón –exclamó–. Pero no me hagas caso, cariño, iniciemos la entrevista para que tú mismo nos cuentes lo que has vivido en ese lugar tan terrible.

Fue entonces cuando los camarógrafos anunciaron que en diez segundos estaríamos en el aire. Al iniciar la cuenta regresiva, me dieron ganas de salir corriendo. En primer lugar,

Yemen no era un lugar terrible. Allí había conocido a grandes seres humanos, con nobles corazones, que me habían aceptado en sus comunidades y me habían hecho partícipe de sus vidas sencillas, demostrando con el pasar de los meses su incomparable calidad humana.

Las lágrimas de aquella mujer, cuando las trataba de encajar con las experiencias que había tenido con las mujeres yemenitas, no se justificaban en lo absoluto. A pesar de que la mujer musulmana era en ocasiones abusada y maltratada, usualmente de igual forma en que maltrataban a la mujer latina o anglosajona, la gran mayoría de las que había conocido estaban satisfechas con su condición de vida, y eran las principales promotoras de las costumbres y tradiciones que dejaban boquiabiertos a muchos en Occidente.

Ya en el aire, La Megadiva terminó de secarse las lágrimas y arrancó la entrevista.

—¡Buenas noches, pueblo dominicano! Hoy queremos presentarles a Alan Delmonte, un valiente paisano que actualmente vive en uno de esos países árabes donde a las mujeres no se les permite mostrar el rostro –dijo–. Él está esta noche con nosotros para contarnos todo lo que ha vivido en esas tierras tan difíciles. Pero ya no les digo más. ¡Dejemos que él mismo nos cuente!

—Buenas noches –empecé diciendo–. Para comenzar, las cosas no son como nos instan a creer. Yemen es un lugar rico en historia, en cultura y en calidad humana. Sus mujeres no son tan infelices como crees. Si supieras lo orgullosas que se sienten con su forma de ser, por la manera en que cuidan de sus cuerpos, por la importancia que dan a su privacidad, y por la actitud casi aguerrida con que cuidan sus reputaciones, te sorprenderías sobremanera –dije.

—¡Pero, cariño, esas mujeres no conocen otra cosa! –voceó a todo pulmón La Megadiva mirando a las cámaras como si buscara el apoyo de su audiencia.

Aquella frase, utilizada comúnmente para referirse a las mujeres musulmanas, reflejaba la amplia brecha que separaba las dos culturas, como si las mujeres fieles a la religión de Mahoma vivieran en la Edad de Piedra, ajenas a los medios de comunicación que dominan el mundo moderno.

—Megadiva, déjame ponerte un ejemplo –dije–. Samira es una mujer moderna bajo los estándares yemenitas. Maneja su propio vehículo, trabaja de ocho a cinco, y se acaba de graduar en la universidad. A pesar de todo, Samira rehúsa mostrar su rostro, y el velo que lo confirma es su más grande tesoro. La última vez que hablé con ella tuvimos esta discusión porque, al igual que usted, yo no estaba claro de muchas cosas. ¿Y sabe qué me declaró? Me dijo: "Nosotras, las mujeres musulmanas, cuidamos de nuestros cuerpos como si fueran templos sagrados, y tengo la firme convicción de que la mujer occidental es lo más barato bajo el sol. Solo tenemos que prender la televisión para darnos cuenta de que no dejan nada a la imaginación. Y a diferencia de ustedes, que necesitan que sus mujeres anden casi desnudas para estimularlos, el hombre yemenita vive suspirando por nuestra presencia. No te imaginas el control que tenemos sobre la imaginación de nuestros hombres", confesó, lo que reflejaba el mismo problema que tenemos en Occidente: la tendencia a condenar las idiosincrasias de otras culturas.

Al terminar, La Megadiva cambió el tema sin darle más vueltas, y después de dos o tres preguntas para dejarme saber que no tenía mucho interés en continuar la entrevista, anunció: "Y ahora, nos vamos a comerciales".

Cuando terminó el segmento, no pudo contener su rabia y se dirigió a mí de manera hostil:

—Entonces, ¿me dices que estás de acuerdo con todo lo que ha tenido que soportar la mujer musulmana durante cientos y cientos de años?

—No le estoy diciendo que estoy de acuerdo con todo lo que pasa allí –dije–. Lo que tienes que entender es que debajo de las apariencias, la mujer yemenita domina múltiples esferas de poder en su ámbito social. Existen decenas de reglas inscritas en las tradiciones y costumbres de la población que dejan entrever la importancia de su rol y lo mucho que son veneradas. Por ejemplo, cuando una mujer camina por la calle, es necesario que los hombres a su alrededor le otorguen suficiente espacio para que sus cuerpos no coincidan. Esta costumbre, que le otorga a la mujer casi un metro de área en su paso por el mundo, es practicada por toda la población, y es común observar a hombres corriendo aspavientados cuando una mujer los embiste en su dirección. No han sido pocas las veces que me han puesto la mano sobre el pecho, empujándome caballerosamente para que dé paso a una mujer que viene a un brazo de distancia. Y es que detrás de sus *burkas*,[9] la mujer yemenita conoce el mundo, pero el mundo no las conoce a ellas. Navegan secretamente las aguas de su género, logrando lo que la mujer occidental todavía no ha logrado: inculcarle el deseo de matrimonio a todos sus pretendientes. El hombre yemenita, hastiado de vivir en un mundo dominado por el contacto masculino, sueña como un poeta enamorado con el día de su unión al sexo opuesto, enaltecido por las canciones de amor y de boda que suenan en todos los rincones de la nación. Y en el ínterin, mientras

---

[9] Tipo de velo que se ata a la cabeza y cubre la cara, a excepción de una apertura en los ojos para que la mujer pueda ver a través de ella. También conocida como *niqab*.

usted y miles de otras occidentales consideran "inhumanas" las costumbres que tienen que soportar estas mujeres, ellas se ríen bajo sus *burkas*, viviendo la libertad de su supuesto anonimato. Pero claro, esas mujeres no conocen otra cosa...

Como ya me lo esperaba, no me volvieron a invitar al programa. Después de terminar la transmisión, La Megadiva obvió darme las gracias por haber asistido a su *show*, y preferí regresar a mi casa antes de continuar con el debate. Debido a la catarsis que había hecho rememorando mis experiencias en Yemen, me sorprendí extrañando la realidad yemenita, y aunque el solo hecho de pensar en el regreso me causaba ansiedad, una parte de mí se había quedado enganchado a la crudeza de aquella tierra, donde la sencillez lo permeaba todo.

***

Regresar a Yemen después de aquellas vacaciones se me hizo más difícil que cuando entré al país por primera vez. Durante aquellas turbulentas Navidades, Yemen había logrado colocarse en los titulares de todos los periódicos debido al incidente ocurrido el 25 de diciembre de 2009 en el vuelo 253 de la aerolínea Northwestern. Durante el vuelo, un nigeriano llamado Umar Farouk Abdulmutallab colocó una bomba en su ropa interior y trató de activarla cuando la aeronave llegaba a Detroit. Debido a la aparente intervención de la gracia divina, a Umar se le hizo imposible activar la bomba en su totalidad, y solo tres personas resultaron heridas, incluyendo el propio Umar, que terminó con quemaduras de primer grado en toda el área de los genitales.

Para complicar las cosas, debido al avispero que había desatado el atentado, la organización terrorista Al-Qaeda emitió una serie de amenazas a los intereses norteamericanos en Yemen, motivando a la embajada de dicho país a cerrar sus puertas, y haciendo que toda mi familia uniera sus fuerzas para evitar mi regreso. Después de mucho conversar, pude convencerlos de que en reiteradas ocasiones las noticias pintaban todo color de hormiga, cuando la realidad no era tal.

Mi más grande preocupación era dejar el Centro de Rehabilitación carente de liderazgo, ya que mis colegas de Hais contaban con mi regreso, y además, estaba deseoso de aterrizar en Sana'a para volver a ver a Maha. Como dicen en algunos campos de la República Dominicana, "una falda hala más que una yunta de bueyes".

***

Llegó el día de regresar y me encontré velando a mi ciudad, que pasaba como una película en cámara rápida a través de la ventana del vehículo. Allí estaban la indigencia y la devastadora pobreza. El tránsito en las calles era caótico, los conductores se insultaban tratando de llegar a su destino, y se metían incluso en vía contraria para no tener que cumplir con las señales que manda la ley. Bandas de niños con esponjas y limpiavidrios ofrecían sus servicios en todos los semáforos, haciendo de Santo Domingo la ciudad con los cristales más nítidos del planeta. En cada esquina, mujeres con niños en brazos imploraban por cualquier migaja que les pudieran ofrecer los transeúntes, dejando entrever en sus facciones las tragedias que las habían azotado en su país natal, Haití.

Santo Domingo parecía agonizar en su propia materia. Cierto, Yemen era un lugar difícil para vivir, pero en mi país solo vivía bien una minoría. Y allí estaba yo, en el avión que me llevaría de regreso al desierto. La hora de volver había llegado.

Capítulo IV

La realidad que encontré al llegar al país aseguraba que ya nada volvería a ser igual. Las medidas de seguridad se habían elevado y la capital parecía un recinto militarizado. Los puntos de chequeo se multiplicaban en las carreteras y los permisos se hacían dolorosamente necesarios para que los extranjeros residentes pudieran visitar ciertos poblados.

Cuando llegué, lo primero que me informaron fue que tenía que esperar veinticuatro horas en la capital hasta que todo se calmara, tiempo suficiente para ver a Maha y suavizar un poco la transición entre las vacaciones y Hais. Como había llegado durante el fin de semana islámico (jueves y viernes), dejé mis cosas en el hotel y me dirigí a Coffee Traders, la cafetería más popular entre el ecléctico grupo de expatriados que albergaba la capital. Allí me encontré con un amigo, Ray Bradley, un canadiense de veintinueve años que había llegado a Yemen hacía unos meses a estudiar la lengua árabe. Después de saludarlo, Ray me contó sobre su tumultuosa Navidad:

—Nunca imaginé que alcanzaría la fama de esta manera. Umar me ha puesto en el mapa sin yo quererlo –comentó mientras degustábamos un café americano–. Ahora pones mi nombre entre comillas en Google, y le añades la palabra terrorista, y las informaciones sobre mí salen manando como petróleo –dijo en tono agridulce, prueba de que estaba disfrutando de la fama repentina, pero que hubiera preferido ganársela de otra manera.

Hacía cinco meses, en medio de la celebración musulmana de Ramadán, Ray llegó a Sana'a con espíritu inquisitivo, ansioso por descubrir todos los secretos que le tenía guardado el Medio Oriente. Durante aquellos días, una interesante mezcla de intelectuales yemenitas, extranjeros audaces y sufíes furtivos se congregaban para disfrutar de las largas noches de Ramadán en el patio de Coffee Traders, engendrando conversaciones que solo podían surgir de un grupo tan diverso reunido en tal locación geográfica. Una de esas noches conocí a Ray. Al haber llegado sin hablar una sola palabra de árabe, el grupo lo ayudó a llenar todos los espacios vacíos que enfrentaba un extranjero cuando trataba de emprender una nueva vida en Sana'a.

—¿En qué escuela de árabe te inscribiste? –le preguntó aquella noche Saleq, un cachemiro criado en Brooklyn que acababa de cumplir su primer año en la ciudad.

—Estoy en SIAL –respondió Ray sin la más mínima idea de lo que eso significaría unos meses después.

En agosto de 2009, días antes de que Ray llegara a Yemen, otro visitante se abría paso por las puertas de inmigración del Aeropuerto Internacional de Sana'a. Aquel personaje, que cursaba un MBA en la Universidad de Wollongong, en Dubái, había aterrizado en el país con un itinerario muy diferente al del resto, aunque públicamente había dicho que su plan era estudiar árabe en SIAL, el mismo instituto donde Ray habría de inscribirse.

—Aquella noche, mi primera en Yemen, me introdujeron a Umar formalmente en la recepción del instituto, y me llevaron derecho a su apartamento, el cual compartimos por alrededor de un mes –rememoraba–. Mi primera impresión de Umar fue todo lo contrario a lo que revelaron las noticias: era un tipo educado, muy gentil y extremadamente tímido. Me acuerdo que iba a la mezquita a diario, y cuando nos veíamos en las escaleras intercambiábamos saludos y seguíamos nuestro camino. Unas cuantas veces llegamos a desayunar juntos, las conversaciones generalmente comenzaban por las particularidades del clima, los estudios, la belleza de Yemen, y siempre, por más que tratara de prevenirlo, concluían con Umar hablándome sobre el Islam e invitándome a que lo acompañara a la mezquita local. Y siempre, casi siempre, se despedía sin avisar cuando me encontraba en medio de alguna oración, diciéndome *ma'salaama*, y desapareciendo. El 25 de diciembre, cuando lo vi retratado en todos los periódicos, presunto autor del fallido atentado del vuelo 253 de Northwestern Airlines el día anterior, por poco se me para el corazón. Sentí una terrible indignación, seguida de una fase de rabia que culminó con una profunda tristeza, sobre todo a sabiendas de lo que eso significaría para Yemen. Como ya te has dado cuenta, las víctimas reales han sido estos grandes corazones que nos rodean, y ser testigo de cómo sus negocios se van a la quiebra por la carencia de turistas, y presenciar cómo su religión se hunde más en el temor, su gente es más vulnerable a la xenofobia y al racismo... eso sí que es algo realmente entristecedor –dijo Ray–. ¿Sabes?, lo que más me extrañó de Umar fue el hecho de que no se llegó a despedir. Hablé con él un día antes de su desaparición y me dijo que se pensaba quedar en Yemen un par de meses más. Al otro día, su habitación estaba vacía –comentó, sus ojos perdidos en la estela de pensamientos que cruzaba por su mente, mientras el atardecer de Sana'a teñía el cielo de rojo–. Lo más gracioso de todo ha sido cómo este incidente ha impactado mi vida. Una semana después del atentado, Discovery Channel me mandó un correo para invitarme a Chicago con todos los gastos pagos, a entrevistarme para un especial sobre la psicología del terrorista. Unos días después, mientras me subía al avión que me llevaría a tierra estadounidense, un agente de la

CIA se introdujo formalmente y me dijo que su misión era escoltarme hacia mi destino final. ¡El tipo me seguía hasta en el baño! –dijo entre risas–. Ya para las últimas horas del vuelo, después que el agente llegara a la conclusión de que yo era inofensivo, nos terminamos dando unos tragos de *whisky* mientras me contaba de su entrenamiento militar.

Cuando cayó la noche, me despedí de Ray y salí a caminar por la estrellada capital, reflexionando. Mientras pasaba por la mezquita y contemplaba a las decenas de hombres hincados orándole a Allah, me pregunté si las acciones de Umar estaban verdaderamente inspiradas en el Islam. Una lluvia de imágenes y sentimientos cayeron sobre mí en aquel momento, como si la vida misma me estuviera haciendo un recuento de todas las personas que me habían ayudado a hacer la transición de adaptarme a aquella tierra, a sentirme bienvenido y apreciado en una sociedad considerada hostil por el resto del mundo; gente sencilla que creían en un solo dios y llevaban vidas intachables, entregadas a sus familias y a sus comunidades, trabajando honestamente por cada *rial* que entraba en sus bolsillos, y siempre orando, hincados en la tierra para purificar sus almas, postrados de cara al infinito suplicando por una mejor vida. Y la respuesta no me pudo llegar más clara: El Islam no tenía nada que ver con aquello. Más de un billón de personas no podían estar equivocadas.

***

A las diez de la noche, cuando regresé al hotel, me sentía ansioso, no tanto por el atentado que había encrespado la nación, sino porque me había pasado la tarde llamando a Maha y no lograba dar con ella. Después de un baño, contemplé si era prudente llamarla a esa hora. ¿Y si algún miembro de su familia tomaba el teléfono y se enteraba de que algo había surgido entre nosotros? ¿Qué haría si se aparecía un ejército de padres, hermanos y primos, listos para mandarme a la siguiente vida? Durante unos minutos, opté por llamarla al otro día, pero cuando finalmente me encontré en la cama con el celular en la mano, el deseo de la carne volvió a superar mi juicio.

—¡*Habibi*, has regresado! –dijo la voz al otro lado de la línea.

—Hola, mi amor, ¡cuánto te he extrañado! –respondí.

—Yo también te he extrañado –dijo Maha.

—*Habibti*, quiero hablarte claro –dije–. Durante todo el tiempo que estuve de viaje no pude parar de pensar en nosotros. Sé que aquí es muy difícil que tengamos una relación, pero ya estoy a cuestión de horas de regresar a Hais, y no pienso volver sin antes pasarme un largo rato contigo a solas.

—Amor, pero se nos haría muy difícil –dijo Maha–. Mañana me voy a Hadhramaut a visitar a mi familia y hoy es imposible que nos veamos ya que mi amiga se durmió y estamos compartiendo la habitación. Sinceramente, no sé cómo podríamos hacerlo.

—¿Crees que sea posible que pueda entrar en la casa sin que ella se dé cuenta y que tú y yo nos quedemos en la sala? –propuse casi mordiéndome la lengua.

—Ay, *habibi*, no sé –dijo Maha–. Yo también tengo muchas ganas de verte pero eso me da miedo.

—No te preocupes –dije–. Ya verás que no pasará nada.

—Pero no solo es mi amiga –dijo Maha–. A ella quizás pueda convencerla. El verdadero problema es que hay un agente de seguridad encargado del recinto donde estamos, que aunque se la pasa durmiendo, podría meternos en un grave problema –respondió.

—Estoy dispuesto aunque sea a pasar por el frente de la pensión a chequear cómo está el panorama –dije.

—Ay, amor, ahora me has puesto muy nerviosa –dijo Maha–. Me encantaría que intentáramos, pero si alguien nos encuentra no te imaginas el problema en que me metería.

—*Habibti*, prometo que haré todo lo posible para que no nos metamos en problemas. Según lo que me has dicho, solo nos tenemos que cuidar del guardián, y si se pasa la noche durmiendo, yo podría entrar y pasar inadvertido –dije pretendiendo estar confiado.

—Bueno, *habibi*, hagamos el intento y que Allah nos proteja –respondió.

Eran las once de la noche y mi universo yemenita se estaba desplomando en una avalancha de proposiciones indecorosas que me desconcertaban a mí mismo. El magnetismo que ejercía sobre mí todo lo que significaba aquella mujer me estaba colocando en una situación que podría perjudicarme. Sin muchos preámbulos, dejé atrás la seguridad del hotel y me encontré caminando en medio de la noche hacia lo deseado. Los contornos de las calles de Sana'a parecían disolverse en la velocidad con que la sangre pasaba por mi pecho, haciéndome sentir como si estuviera a punto de estallar. En aquel momento no sabía si era el sexo o la curiosidad lo que me movía, pero mis piernas se catapultaban hacia delante como si no existiera una cabeza pensante aparcada sobre ellas.

Llegué a la dirección indicada, pero el portón estaba cerrado y la única manera de entrar era brincando la verja. Miré por entre las rendijas del portón, y allí estaba el guardián del que Maha me había advertido, durmiendo con la boca abierta y con una metralleta AK-47 recostada sobre su cuerpo. Decidí caminar frente a la puerta aparentando ser un transeúnte común, y así poder observar mejor el lugar. Al hacerlo, noté que la puerta de entrada a la pensión estaba cerrada, pero no tenía el candado puesto. Desde allí, pude observar al guardián con más detenimiento: el hombre tenía el cuello estirado hacia atrás, su cabeza apoyada sobre uno de los vidrios de la cabina, sumergido en un sueño que parecía ser lo bastante pesado como para hacer el intento de entrar sin ser notado.

Tomé una larga bocanada de aire, y antes de expulsarlo, metí la mano por entre el portón y halé el gancho de la puerta hasta que logré abrirla. Después, la empujé lo mínimamente necesario para hacer espacio y que mi cuerpo pasara. A medida que la iba abriendo, la puerta chirriaba, aunque el guardián pareció no escucharla. Como un felino que está consciente de cada uno de sus movimientos, exprimí mi cuerpo a través del pequeño espacio que había dejado para prevenir que la puerta siguiera haciendo ruido, hasta que por fin logré encontrarme dentro. Tenía que moverme rápido. Miré a mi alrededor pero todo estaba oscuro. Estaba dispuesto a poner mi vida en riesgo en busca de ese cuerpo caliente que vendría a salvarme, que me sacaría de aquella prisión donde mi masculinidad se había quedado atrapada en el rigor del islamismo.

La pensión estaba compuesta por decenas de habitaciones, una al lado de la otra, pero no tenía idea de cuál era la de Maha. Con cada segundo que pasaba allí dentro, las ganas de largarme y regresar al hotel se incrementaban. Comencé a preguntarme si me había vuelto loco, si me había olvidado de todos los preceptos necesarios para sobrevivir en aquella tierra sin chocar de frente con las rígidas creencias de todos los que me rodeaban. Justo antes de salir corriendo por entre la penumbra, una puerta se entreabrió dejando escapar un refrescante resplandor. Corrí hacia allí como una polilla buscando la claridad, y antes de que llegara a la puerta un rostro angelical se asomó y susurró: "¿*Habibi*?"

Al llegar a la puerta me la encontré frente a frente, aunque a diferencia de todos los momentos en que nos habíamos visto, el *balto* que cubría su cuerpo ya no estaba, dejando al descubierto sus labios pulposos, que me halaban hacia su gracia con una fuerza irremediable; su nariz de infanta traviesa; y aquellos ojos color café que ahora me miraban completos, como si el hecho de poder verlos en el conjunto de los demás elementos de su rostro le hubiera concedido una profundidad de la que no me había percatado. Más abajo, el ombligo de Maha estaba expuesto, al norte de una minifalda roja, de esas que usan las colegialas en uno de esos países que nunca he visitado, y al sur de una blusa sin mangas que confirmaba mi teoría de que debajo de aquel *balto* se escondían dos formidables pechos que ahora me instigaban a explorar ese valle prohibido que se formaba entre sus confines.

Tenía tanto tiempo deseando ver su piel en su totalidad, que el aliento salía de mi boca y me era imposible hacerlo regresar. Me quedé sin aire, como si me hubiera olvidado de inhalar, y exhalar fuera el único recurso que tenía para procesar el magnetismo que ejercía su silueta sobre mí. En ese momento me dieron ganas de alabarla, de hincarme frente a ella y agradecerle al mismo Allah por haber creado semejante obra maestra.

—*Habibi*, no te quedes ahí parado; ¡ven, entra! –dijo Maha tomando mi brazo y halándome hacia adentro.

Al entrar, noté que me había quedado mudo frente a la belleza que ahora me miraba con ojos nerviosos.

—Tenemos que hacer silencio, mi amor –dijo Maha–. Ya he hablado con mi compañera de cuarto y ella no tiene problemas con que vengas –dijo–. Pero no podemos arriesgarnos a que nos oiga el guardián o alguna de las chicas que viven aquí.

—Entiendo –dije rompiendo la traba que tenía atragantada mi lengua.

Me acomodé en un pequeño mueble rojo que adornaba la diminuta sala de la pensión, a un metro de la cocina y a otro metro de la puerta de la habitación donde se encontraba su amiga. Maha se quedó parada frente a mí sin saber qué hacer, mirándome con una media sonrisa que me tenía atado a su delicadeza. Muy lentamente se fue acercando sin dejar de mirarme, y cuando ya estaba lo suficientemente cerca, la tomé por el brazo y la halé hacia mi cuerpo. No tuvo más remedio que sentarse sobre mis piernas mientras continuamos mirándonos como si ese beso que se aproximaba entre el silencio ya no hubiera forma de deshacerlo, hasta que el espacio que nos separaba se volvió tan minúsculo que nuestros labios no tuvieron más opción que juntarse, que palparse dulcemente como dos ríos que se unen en un solo cauce y se funden en el mar.

Durante más tiempo del que soy capaz de cuantificar no hicimos más que besarnos y sentir el calor que emanaba de nuestros cuerpos vestidos, disolviéndose en una sola intención enturbiada de placer. El sigilo de la noche se fue contagiando de jadeos, sofoques y respiraciones entrecortadas que se alternaban con la colisión de dos bocas incapaces de contener la sangre que bombeaban sus labios. A veces su falda me cedía el paso y me dejaba sentir el intenso calor que surgía de su entrepierna, cubriéndonos de espasmos que doblegaban nuestros cuerpos como anclas del más allá. Ya cuando mis dedos se amotinaron y se perdieron detrás de la suavidad de sus bragas, allí donde la tierra de fuego de aquel continente hecho mujer se conjuraba en un imán imposible de ser ignorado, tocaron a la puerta de la habitación. Los ojos de Maha se ensancharon, con su mano tapó mi boca y susurró: *shhhhhh*.

—Señorita, abra la puerta por favor —comandó una voz ronca y varonil.

—¡Mierda, es el guardia! —murmuró Maha entrando en pánico.

Nuevamente, el temor se apoderó de mi sistema, me dieron ganas de vomitar y morirme en ese instante.

—No te pongas nerviosa. Apaga la luz y hazte la dormida, que yo buscaré dónde esconderme —dije intentando mantener la calma.

—Allah nos cuide —dijo Maha perturbada.

Me metí en el armario, que extrañamente se encontraba en medio de la salita. Sentía temblar cada parte de mi cuerpo. La seda de una de sus vestimentas íntimas (o quizás de su amiga) rozaba mi cara, y pude apreciar la misteriosa manera en que se mezclaban el temor y la lujuria, como si el morir saturado de ese olor aliviara por completo el peso de la muerte. Mientras seguía allí, escondido en el closet de una mujer yemenita, podía escuchar las voces de Maha y del guardia discutiendo.

—¡Ya le dije que estoy sola! —dijo Maha—. ¿Por qué insiste en llevarme la contraria? ¡No ve que son casi las doce de la noche y me ha despertado! —espetó.

—Es que recibí una queja de una de sus vecinas. Me dijo que escuchó la voz de un hombre viniendo de su habitación —replicó el guardia.

—Pues yo no he escuchado a nadie, y jamás se atreva a culparme de que estoy albergando hombres en mi habitación —dijo Maha—. Si lo vuelve hacer, me voy a asegurar de que mis padres hablen con usted, y le juro que no querrá eso.

—Lo siento, señorita. Continúe durmiendo en paz —dijo el guardia—. Mientras su voz se alejaba, pude sentir el aire volviendo a invadir mi pecho.

Después que escuché la puerta cerrarse, salí estremecido del armario. Maha estaba pálida del susto y decidimos acostarnos en la cama y no decirnos más nada. Aunque yo quería continuar queriéndola, Maha se opuso ya que el sobresalto le había quitado las ganas. La abracé fuertemente, ella volteada hacia mi cuerpo y mis manos atadas en su abdomen, y antes de darnos cuenta, nos quedamos dormidos. Unas horas más tarde, el primer llamado a la oración retumbó nuestros oídos con un estruendoso *Allahu akbar*.

—*Habibi*, te tienes que marchar. El guardia se pondrá a orar y ese será el mejor momento para irte sin que te vea.

—Está bien –dije, despertando al hecho de que el sol ya estaba saliendo.

Abrí con precaución una de las cortinas y espié al guardián por la ventana. Efectivamente, el hombre se encontraba con su frente pegada al suelo, y después de darle a Maha un beso, salí de la pensión y me dirigí hacia la puerta del complejo. Cuando la abrí, la puerta volvió a rechinar como si hubiera estado cien años sin abrirse, y escuché cuando el guardián voceó:

—¿Quién anda allí? ¡No se mueva!

Y con esas palabras, salí desperdigado por entre la penumbra, como si cada zancada representara un año más de vida.

Corrí y corrí hasta que sentí los pulmones a punto de colapsar, y comencé a disminuir la velocidad cuando noté que no había nadie siguiéndome. Todavía el sol no había salido en su totalidad, pero ya las calles de Sana'a comenzaban a cobrar vida. El paisaje no había cambiado en lo absoluto, pero algo diferente se sentía en cada bocanada de aire que buscaba para recuperar el aliento: de donde antes emanaba una sofocante sensación de castidad, ahora se respiraba un aire subversivo filtrándose por entre las calles, los semáforos, los negocios, las mezquitas y aquellas montañas que nos velaban en el más terco de los silencios. Con Maha, Yemen se había transformado, redimensionando sus fronteras de regreso a la humanidad. Mientras caminaba rumbo al hotel, las *burkas* y turbantes que saturaban las calles ya no parecían ejercer el mismo poder. Aquella rígida embarcación que se cimentaba sobre las bases de un islamismo radical comenzaba a naufragar entre las piernas de Maha, y ya nada ni nadie podría mantenerla a flote durante mucho tiempo.

***

Al regresar a Hais, todo parecía estar igual a como lo había dejado, aunque un vacío se volcaba en el aire con una indefinible soledad que no lograba precisar. Mis colegas seguían allí, pero por alguna razón sentía que alguien faltaba, y una semana después de haber llegado, identifiqué la ausencia que se había colado en mi oficina: Layla, la niña sordomuda, ya no estaba. Las expresiones de cariño que antes colmaban los espacios casi a diario, ahora se ahogaban en los agónicos suspiros de pacientes adoloridos y en la disonancia del viento caliente chocando con las ventanas.

—Yusra, ¿y qué ha sido de Layla? –pregunté.
—Layla pasa por aquí a diario, señor –dijo.
—¿Y por qué no la he vuelto a ver?
—Es que Layla ya no es la misma niña que usted dejó –dijo la mujer.

En aquel momento, un grupo de mujeres veladas entraron para tomar clases de costura.

—¡Layla, ven acá! –ordenó Yusra.

Al llegar donde nosotros, aquellos ojos avivados volvieron a cruzarse con los míos, pero ya su mirada no era la misma. Con su rostro cubierto y sus vivarachos ojos enjuagados en drama, Layla me dejó claro que inauguraba una nueva etapa en su vida. Lo que antes había sido un constante jugueteo, una inocente dinámica entre una chiquilla desplayada en la más dulce de las niñeces y un hombre que apreciaba su lozana melodía, ahora solo era un "disculpe, pero ya no puedo incurrir en nuestra usual interacción. Ya no soy una niña; soy una mujer." Y sin mucho alarde ni petulancia, Layla volvió a perderse en la masa de velos oscuros que procedían a tomar clases de costura. Jamás volvimos a interactuar.

Géneros distintos: mundos opuestos

Blog desde Yemen
19 de enero de 2010

Esta mañana, Ahmed Zuleihi, un haisiano de 27 años, estuvo a punto de tirarse de un cuarto piso. Según me contaron mientras lo observábamos amenazando con matarse, Ahmed estaba dispuesto a conseguir una esposa costara lo que costara, y con esta nueva táctica, ponía de relieve lo que todos los solteros de Hais andaban sintiendo. "Si no me consiguen una esposa ahora, ¡me mato!", gritaba por todo lo alto, causando carcajadas en algunos y rostros consternados en otros. Aunque nunca llegó a tirarse, ya que dos policías lo sorprendieron y le cayeron a bastonazos luego del desatino que provocó, todos entendimos de dónde provenía su frustración.

Debido a que es imposible tener relaciones sexuales con mujeres fuera del matrimonio, el hombre yemenita ansía ponerle fin a su soledad. El único obstáculo que enfrenta es la pesadilla de todos los pretendientes: la dote. En un país donde el ingreso per cápita ronda los dos mil quinientos dólares al año, una dote que puede rondar los miles de dólares cae en lo ridículo, pero por desgracia, es la cantidad requerida para poner fin al desierto del alma.

Después que terminamos de ver a Ahmed siendo escoltado hacia el destacamento, todavía forcejeando con los dos policías que habían interrumpido su protesta suicida, caminé hasta al Centro de Rehabilitación, donde me encontré a Yusra despidiendo a una paciente que acababa de atender, y le conté la razón por la que había llegado tarde.

"Mi padre me tiene bien cara, ya que él solo quiere lo mejor para mí", dijo orgullosa. "En mi familia tenemos la firme convicción de que la dote es la primera prueba que tiene que superar el hombre para probar su amor a una mujer. Cuando un hombre se compromete a pagar una dote considerable, nos está mandando un mensaje de que no es haragán, y que me va a garantizar una vida estable. Como dice mi padre: 'Para que te mantenga un pobre diablo, mejor te mantengo yo'."

Cuando finalmente me senté en mi escritorio y comencé a digerir todo lo acontecido, pude sentir en carne propia cómo el sexo en Yemen vive atragantado bajo el recelo de los tabúes. Mujeres como Yusra, debido a que son practicantes de la mutilación genital, imponen su glacial actitud frente al acto sexual, y combinado con el temor que se les imbuye desde pequeñas para prevenir embarazos no deseados, la sociedad yemenita se balancea entre la exasperación de la represión y el desborde de testosterona que rige los asuntos masculinos. Es por esto que bajo las superficies de las rutinas cotidianas, se esconde un universo secreto regido por las frustraciones y exaltaciones de un pueblo incapaz de eyacular el hambre de su deseo. En las calles, las mujeres caminan en universos paralelos, entrenadas para no interactuar con miembros del sexo opuesto. En público, las demostraciones de cariño son reservadas única y exclusivamente para individuos del mismo género, fragmentando a la población en dos mitades que se desean, pero que solo pueden materializar sus anhelos después de amasar una importante suma de dinero.

"¿Es cierto que si ves a tu esposa en la calle no la puedes saludar?", le pregunto a Nasif, que andaba sacando unas copias en mi oficina.

"Pues no se debe", responde con la serenidad típica de los habitantes del Tihama. "Lo que complica el asunto es que al llevar el velo facial, ningún hombre de la comunidad conoce a mi esposa, y por ende, si me ven hablando con ella, nadie puede asegurarse de que en verdad es con ella que hablo. ¡Imagínate, pueden hasta pensar que platicaba con sus esposas, lo que conllevaría un serio problema!"

***

No podía dejar de pensar en Maha. Su presencia me acechaba día y noche, mezclando la ilusión de un amor prohibido con las condiciones inhumanas de la vida en Hais. No fueron pocas las madrugadas en que me levanté anhelándola, dispuesto a quererla sin tapujos, tratando de sentirla más cerca.

Una noche, después de luchar por una hora para conciliar el sueño, tuve la sensación de que el colchón estaba posado sobre una hambrienta espiral. Momentos después, una serie de imágenes comenzaron a revelarse en el lienzo de mi conciencia, todas desplegando la exuberancia de una diosa llamada Maha que se había aparecido en mis sueños para sacarme del exilio de mi propio destierro. El único problema era que yo no estaba allí. Solo la podía ver desde un espacio restringido, como si sobrevolara una visión de la que no podía ser parte.

Y así fue como la avisté: Maha abrió los ojos. Sintió el embrujo de la noche arroparla, tibia y espesa como la sangre que corría por sus venas. Su piel estaba húmeda, empapada del aliento de la noche. Su entrepierna, rebelde; murmurando una canción de hambre y soledad. Aunque sus hermanos dormían del otro lado del patio, en una casucha idéntica a las que había en Hais, ella se sabía sola. Durante esas horas, Maha podía ser Maha, y eso la llenaba de satisfacción. Percibía la ausencia de vida que la hacía sentir libre, allí donde residía la mujer que llevaba bajo la piel. Pero tenía que apresurarse. Sabía que no tenía mucho tiempo. Pronto tendría que levantarse a resolverles la vida a los hombres de su casa.

Sintió un cosquilleo en sus dedos, y aunque su entrepierna la aclamaba sacudiéndola violentamente, trataba de no dejarse arrastrar por la tentación. Después de unos minutos en la más aguerrida de las resistencias, se dio cuenta que era incapaz de luchar contra su naturaleza erótica, contra su insaciable flor carnívora, que se hinchaba como una fiera colérica cuando quería ser subyugada. Ansiaba; suspiraba; anhelaba. Su cuerpo temblaba como si brotara un terremoto de su centro, y sus ojos se liberaban de las cadenas que mantenían su visión atada a la dura realidad del desierto.

Poco después la visión se evaporó y llegó otra a sustituirla: Maha braceaba en una laguna cubierta de pétalos rojos, situada en la más remota soledad de la noche. El desierto estaba carente de estrellas, pero la luz se volcaba desde la laguna hacia el cielo, colmando las tinieblas de un tenue halo rojizo. Se escuchaban pasos en la lejanía que hacían vibrar la tierra y que llenaban el estanque de pequeñas olas que surcaban los confines de su cuerpo. Yo quería estar allí, pero por más que trataba, me resultaba imposible ingresar al universo que ella había creado.

—¡*Allaaaaaaaaaaahu akbar*! –resonó por todo lo alto.

Salí expulsado del sueño y me encontré acostado sobre el techado hirviente, aturdido por el llamado a la oración que me había sacado del mundo de Maha. Tenía un deseo irremediable de estar con ella, pero sentía como si una dura pared estuviera entre nosotros, un puente que nos era imposible cruzar y que, por más que intentáramos, nos quedaríamos siempre a medio camino, mirándonos de lejos y sintiendo la más nauseabunda de las impotencias. Cerré los ojos y me entregué a los linderos del colchón, y no los volví a abrir hasta que sentí los rayos del sol chocar contra mi rostro. Al abrirlos, me encontré con el techado cubierto de cuervos, y un enorme buitre con el pico ensangrentado acercándoseme peligrosamente. Pude ver el hambre en sus ojos, y cuando ya estaba a solo un metro de donde me encontraba, le grité con todas mis fuerzas. Huyó dejándome exhausto y con unas ganas incontrolables de llorar.

***

Una mañana temprano decidí pasar por la casa del contable de la empresa, Tariq Zuheiri, a coordinar un proyecto financiero que teníamos pendiente. Cuando llegué a su hogar, lo encontré observándose con cautela en un viejo espejo que colgaba de lado en la humilde casucha que lo albergaba a él y a su familia.

—Ya no puedo seguir así, señor —dijo como si no le gustara la imagen que se reflejaba en el espejo—. Ya es hora de que consiga una esposa y ponga mi vida en marcha —confesó.

Me quede allí parado sin saber qué decirle, y antes de salir rumbo a la oficina me despedí de su madre, que al entrar en años había decidido dejar su rostro descubierto. Aquella mañana sufría el terrible dolor de espaldas que la había mantenido desde hacía días en una camita de madera localizada en el patio.

Mientras nos dirigíamos a la oficina, Tariq me contó amargamente sobre su hermano Foad. Al parecer, aunque había logrado casarse con Amira, una mujer nacida y criada en la ciudad de Hodeidah, Foad raras veces contribuía con la frágil economía de sus progenitores, y nunca se preocupaba por ayudar a sus hermanos. Como su padre, había logrado conseguir un trabajo de chofer en la ardua ruta que conectaba las dos principales ciudades de la región, Tai'z y Hodeidah, y se mantenía encadenado a la carretera. Su sueldo lo dividía proporcionalmente entre su descomunal consumo de *qat* y las demandas de su esposa, que hacía milagros con los pocos *riales* que Foad le entregaba. Debido a que ambos se habían mudado a la casa de los padres de Amira, Foad raramente visitaba a su familia en Hais, y en las escasas ocasiones que lo hacía, se dedicaba a masticar *qat* con sus amigos de infancia.

—He tenido que hacerme cargo de mis viejos —dijo Tariq bajando la mirada—. Por lo menos ahora tengo un sueldo. No te imaginas lo difícil que fue graduarme en la universidad y esperar dos años para conseguir este trabajo. Esa fue la época en que más odié a mi hermano, porque él trabajaba y nunca se molestó en ayudarnos —señaló.

Podía sentir rastros de envidia en las palabras de Tariq. A su hermano Foad lo conocí una tarde en casa de Nasif, y me dio la impresión de que aunque no era tan inteligente como Tariq, tenía una viveza que lo había empujado a llegar más lejos que su hermano, aun siendo más joven que él. Llegamos a la oficina antes que los demás y cuando nos dispusimos a trabajar en los reportes financieros, Tariq se quedó mirándome fijamente a los ojos y dijo:

—Señor, tengo algo que decirle.

—¿Qué pasa Tariq? –pregunté.

—Señor, es que no sé si me conviene decírselo. Me tiene que prometer que no se lo dirá a nadie hasta que yo tome una decisión –dijo Tariq.

—Lo prometo, hermano –dije.

—Bueno, señor –dijo Tariq bajando la mirada–. Estoy enamorado de Yusra y no sé qué hacer.

Amor en Yemen I

Blog desde Yemen
21 de febrero de 2010

Tariq siempre se había sentido cautivado por la magnética personalidad de Yusra. Aunque habían pasado dieciocho años desde la última vez que le vislumbró el rostro, cuando ambos correteaban ingenuos por las calles de Hais, su corazón se estremecía cada vez que esta le dirigía la palabra y reposaba sus penetrantes ojos negros sobre él. Durante un par de años, los dos compueblanos se avistaron regularmente en la universidad, y aunque solo intercambiaron palabras en muy escasas ocasiones, Tariq la admiraba en secreto, deslumbrado por la profusa feminidad que se volcaba febrilmente por debajo del *balto* negro.

Habiéndose alejado del estándar cultural que no permite que hombres y mujeres compartan cuando no son familiares o esposos, Tariq y Yusra comenzaban a ser parte de una generación que, debido a las nuevas oportunidades educacionales para las mujeres, relajaban ligeramente las estrictas reglas que moldeaban la compleja dinámica entre sexos dentro de las instituciones de educación superior.

Aunque el presente de los dos jóvenes era mucho más enredado que aquel dulce pasado donde Tariq y Yusra jugaban a las escondidas en los callejones del bazar, el deseo que retumbaba en el pecho de Tariq cada vez que veía a la fémina era el mismo que lo exaltaba de niño, cuando el rostro de Yusra todavía era una realidad que él podía presenciar.

Tariq había dejado de ver aquel perfecto semblante de su pretensión justo después de que a esta le llegara la regla, cuando acababa de cumplir trece años, pero aquella memoria empolvada había resurgido con más intensidad que nunca dieciocho años después, una inesperada mañana salpicada de dolor. Luego de llevar a su madre al Centro de Rehabilitación, el cándido solterón reconoció esa tierna mirada que nunca olvidaba acechándolo tímidamente mientras él explicaba nervioso las dolamas de su matrona.

"Hay una posición disponible en el departamento financiero", le reveló Yusra a Tariq en su breve intercambio de palabras. "Sé que como dominas el inglés y estudiaste contabilidad, tienes muchas posibilidades de conseguir el puesto", le explicó mientras atendía cuidadosamente a su madre y le indicaba cómo cuidarla después de darle un extenso masaje en la zona afectada.

Tariq no tenía idea de que la fémina conociera su trayectoria profesional, y en aquel momento sintió una extraña sensación de apego hacia aquella fisioterapeuta a la que todo el mundo llamaba doctora y que lo observaba fijamente detrás de su *hijab*, con una mirada cargada de complicidad.

Aunque solo pudo escuchar su voz y deleitarse mirándole a los ojos, los pensamientos de Tariq se habían quedado estáticos desde aquella efímera permuta de gestos y miradas que lo habían elevado a un lugar que no se imaginaba existía.

Aquella tarde Tariq preparó su aplicación de trabajo, y una semana después lo llamaron para informarle que el puesto era suyo. Pero lo que realmente sería suyo, o así creía, era aquella mujer que había salido por la puerta de atrás de su memoria, y que entraría gloriosamente por la entrada principal de su corazón. Pronto, pensó, el destino divulgaría su camino, y él, siempre esperanzado, comenzaría a sentir la emoción de recorrer sus misteriosas sendas acompañado de la mujer que tanto deseaba.

***

Después de nuestro último encuentro, llamaba a Maha todos los días al salir del trabajo, pero por alguna razón que no comprendía, no lograba dar con ella. En principio, dejaba que el teléfono timbrara un par de veces, colgaba, y luego me sentaba a esperar que me devolviera; pero los segundos se convertían en minutos y los minutos en horas, y cuando las tardes se morían y las noches volvían a confinarme al techo, la soledad que desde un principio me torturaba cobraba fuerzas.

¿Qué había pasado? ¿Por qué Maha no me devolvía? Quizás el guardia la había metido en un problema colosal, o quizás su religión la había llenado de culpa, y sin yo saberlo, la cuerda que me ataba a ella había sido cortada.

Al cabo de dos semanas decidí cambiar de estrategia. En vez de dejar que el teléfono timbrara dos veces para luego esperar esa llamada que nunca llegaba, lo dejaría timbrar hasta el final. Así, tarde o temprano, Maha lo tomaría y por lo menos me brindaría una explicación. La primera vez que lo intenté me llevé una amarga sorpresa: su teléfono había sido desactivado. "Lo sentimos, este número no existe", decía la voz, y con cada repetición, mi corazón se hundía en las arenas movedizas de mi propio desierto, que había regresado a sofocarme desde adentro.

***

Todos los días, mientras se levantaba el sol en aquel horizonte incierto que cercenaba la comarca de Hais, Tariq se vestía con su mejor atuendo: una fatigada camisa de algodón que aún conservaba su viejo brillo, y un pantalón de lino que había atesorado por varios años, después de recibirlo de un primo que residía en Arabia Saudita y que, a diferencia de sus familiares en Hais, había amasado una pequeña fortuna trabajando como gerente de limpieza de una importante mezquita en la ciudad de Medina. Luego, se untaba colonia de manera excesiva, en un fallido intento de que la fragancia le durara el día completo, o por lo menos hasta que el calor evaporara el aroma de su diminuto cuerpo. Caminaba el medio kilómetro que separaba su casa de su nuevo trabajo como si una cuerda invisible amarrada a los ojos de Yusra lo halara por el pecho.

Cada mañana, Yusra lo saludaba desde su departamento, que se encontraba frente a la entrada, con un sutil abrir y cerrar de ojos, y aunque Tariq asentía tímidamente, su corazón se aceleraba, su respiración se acrecentaba de manera directamente proporcional a la intensidad con que Yusra le clavaba aquellas dos estrellas negras. Una mañana, ya sin poder aguantar más su tortuosa ambición, Tariq tomó una decisión: se reuniría con el padre de Yusra, Mohammed, y le pediría la mano de su hija. Sabía que había encontrado a la mujer que andaba buscando, y que ya no podría vivir sin aquella presencia que había ensordecido sus pensamientos y tiranizado la naturaleza de su mente.

—Yusra, antes de hablar con tu padre, necesito saber si puedes llegar a quererme como yo he comenzado a quererte –le dijo Tariq una tarde mientras velaban el primer aguacero del año, que se evaporaba desde que caía, como si fluyera agua en dos direcciones.

—Pues, pues… –dijo Yusra nerviosa–. Pues creo que sí, Tariq –declaró.

—Eso es todo lo que quería escuchar –dijo Tariq antes de regresar a la oficina con las piernas temblorosas.

***

El padre de Yusra, Mohammed Mohsen, masticaba sus hojas de *qat* mientras observaba la nerviosa figura de Tariq. Siendo un hombre influyente y calculador, tanto amado como repudiado por su dura lengua y volátil carácter, Mohammed era conocido por poseer un talento para leer en los demás. Era capaz de ver a través de todo aquel que lo abordara tratando de ocultar sus verdaderas intenciones.

Tariq, que trataba inútilmente de ablandarlo con una interminable sucesión de temas triviales, sabía por la expresión en su cara que estaba a la espera de lo que había ido a decirle. Cuando por fin las manecillas del reloj dieron una vuelta completa, Tariq no pudo contenerse un segundo más:

—Mohammed, he venido para pedir la mano de su hija –dijo, y un revoltijo de nudos en la garganta le hincharon las arterias que surcaban sus pupilas. En aquel momento, las manecillas del reloj parecieron pararse en seco, a la expectativa de lo que estaba por ocurrir.

—Humm –dijo Mohammed–. No quiero faltarte el respeto, Tariq, pero no creo que seas el hombre ideal para mi hija. La he criado con los más altos estándares de educación, y mi Yusra necesita un hombre que pueda velar por sus necesidades de manera esplendorosa. Para serte sincero, cuando te veo, no veo a un hombre capaz de hacer eso –dijo.

—Pues, aunque usted no lo crea, estoy dispuesto a convertirla en la mujer más feliz de toda la tierra –dijo Tariq–. No existe un hombre que la vaya a querer más que yo.

—¿Qué estarías dispuesto a sacrificar para hacer de Yusra tu mujer? –preguntó Mohammed manteniendo la compostura.

—Haría lo que fuese necesario –dijo Tariq.

—Debes saber que nuestra familia goza de una legendaria reputación –dijo Mohammed inflándose de orgullo–. Y que somos muy exigentes a la hora de unir nuestro linaje con otra familia. Si verdaderamente quieres a Yusra, tendrás que sangrar por ella y tendrás que demostrarme que estás dispuesto a hacer lo que sea para quedarte como el dueño de su corazón. Así que para reservártela, te voy a pedir veinte ovejas y doscientos mil *riales*, una cuantía que me probará que eres el hombre adecuado para ella –dijo.

—Perdón –dijo Tariq–. Creo no haber escuchado correctamente. ¿Cuánto es que me está pidiendo por reservar su mano, Mohammed?

—Tariq, has oído bien. Por veinte ovejas y doscientos mil *riales* podemos arrancar la negociación. Te dije que vas a tener que demostrarme que estás dispuesto a batallar por mi hija. Si quieres una esposa, una simple mujer para que tenga tus hijos, tienes todo el pueblo a tu disposición –dijo Mohammed.

—¡Pero esa suma jamás ha sido pedida por ninguna mujer de este pueblo! –dijo Tariq indignado.

—Pues no tenemos más nada que hablar –dijo Mohammed sin titubeos.

Tariq se quedó petrificado, mirando a Mohammed. Después de un interminable minuto cargado de tensión, profirió con tono derrotado:

—Le traeré lo que pide Mohammed. Deme tiempo para conseguir lo que desea –dijo ahorrándose las formalidades.

Salió de la casa y sin mucho mediar se puso a trabajar. Aquella tarde canjeó todos sus ahorros y empeñó dos pares de zapatos, un reloj y una correa que nunca había utilizado, y pidió el resto del dinero a su hermano, que se negó rotundamente. Entonces decidió pedir ayuda a sus amigos, que hicieron una pequeña recolecta que le permitió reunir la totalidad del dinero. Yo le regalé cincuenta dólares para apoyarlo en su esfuerzo, y tres días después regresó a casa de Mohammed con lo prometido que, solo en dinero, rondaba los mil dólares.

—Aquí está lo que acordamos –dijo imponente.

Y con un apretón de manos quedó sellado el pacto entre los dos hombres. Ya era oficial: Yusra y Tariq estaban comprometidos.

Justo después que Tariq saliera por la puerta, Mohammed fue al patio a ver las ovejas, sorprendido por la diligente capacidad del hombrecito. Lo había subestimado al pensar que jamás aceptaría pagar la suma que le pidió. Al ver los animales agitándose nerviosos, colmando el ambiente con sus profusos berridos, le pidió a su hijo Ahmed que los llevara donde su primo Abu Bakr, que vivía en una de las aldeas aledañas a Hais, y que por una comisión de la venta los podía engordar y comercializar cuando llegara la hora. Los doscientos mil *riales* que Tariq había dejado sobre la mesa lo sacarían de una vieja deuda que tenía con un vecino rabioso que lo asediaba a diario.

El viejo, luego de verse poblado de los bienes que ahora brincaban en su patio, y de aquella copiosa cantidad de billetes que se tendían gloriosos en la sobriedad de su mesa, sintió un regocijo que lo llenó de ilusión. Estaba extrañamente orgulloso de tener en su prole a una mujer capaz de arrancar la cordura a los hombres, que caían sobre su regazo como mosquitos alelados. Al parecer, su hija había alcanzado un valor inasequible dentro del mercado romántico, y él estaba allí, velando por su valía, asegurándose de maximizar la cuantía de su retoño para filtrar al hombre que habría de convertirse en su esposo.

Y con aquella sensación minando sus dedos, se sentó a redactar el contrato final. Para Tariq finalmente hacer de Yusra su *zawjah*,[1] escribió, tendría que entregarle un cinturón tradicional yemenita tapizado en oro, que pondría de manifiesto el honor de su familia, y ochocientos mil *riales* (es decir, cuatro mil dólares), que utilizaría para restaurar su deteriorada casa y jamás tener que depender de ninguno de

---

[1] Esposa en árabe.

sus hijos. En fin, un contrato imposible de cumplir para un hombre como Tariq.

Amor en Yemen II

Blog desde Yemen
3 de marzo de 2010

Una semana después de haber comprometido a su hija, Mohammed llama a Tariq para oficializar la negociación. El pretendiente llega a la casa del viejo con Harid Zuleihi, el mediador que serviría de notario público para definir el acuerdo que se realizaría entre las partes. Una taza de té negro es ofrecida a ambos, oferta que cordialmente aceptan.

"Aquí está el convenio", dice Mohammed, sus labios posándose con cautela sobre el ardiente vaso de cristal.

Los ojos de Tariq se pierden en los papeles, y por un momento Mohammed deja de respirar, a la expectativa de la reacción del pretendiente. Gradualmente, a medida que va leyendo, una corrosiva furia sulfura el cuerpecillo de Tariq, amargando su talante y envenenando su mirada.

"¡Abusador!", ladra el pretendiente. "¿No se da cuenta de que esto es un abuso?"

"Eso no es mucho dinero para ti, Tariq. Eres de los pocos hombres en este pueblo que trabaja en una empresa internacional", vocifera Mohammed.

Tariq dirige su mirada hacia Harid, como tratando de que apoye su causa y prevenga la situación en que Mohammed lo está metiendo. El mediador, incómodo, aclara fríamente que su trabajo es solo anotar lo que las partes acuerden y no definir el acuerdo mismo; su mirada, no obstante, deja entrever un silencioso reproche suscitado por el contrato. En un arrebato de desesperación, Tariq golpea la pequeña mesita donde ha de firmar el convenio, hinca sus ojos que chispean de rabia en el rostro de Mohammed, y firma el acuerdo sin mirar las hojas. Justo después, le avisa a Harid que no hay más nada de qué hablar, y sale con vehemencia de la casa del viejo.

Esa noche, Tariq se postra en su vieja camita acomodada bajo las estrellas. Su casa son cuatro paredes que delimitan una ínfima porción del desierto, y su lecho yace allí, como una boya solitaria surcando mares oscuros. Sus ojos, incrustados en el espacio muerto que sobrevuela la infinitud, están colmados de tristeza. No tiene idea de cómo va a conseguir tanto dinero. Sabe que el costo del cinturón sobrepasaba los mil dólares, y que aparte de eso, tendrá que pagar la celebración de la boda y todo el oro que pedirá la novia antes del casamiento.

"Yusra será mía y nadie en el mundo podrá quitármela", repite en su interior. Después, cuando su mente comienza a vagar, se imagina quitándole el velo a su amada, descubriendo aquel rostro que hace tantos años no presencia, y uniendo su boca a los carnosos labios que se imagina tiene su hembra, mientras acaricia su grácil cuello y se enmaraña en los delicados lóbulos de sus orejas, dejándose arrastrar por el animal feroz desprovisto de intuición que encarna el amor. Y se va deslizando más y más hacia esos sueños, arrastrado por la noche bajo las luminarias que titilan sobre su espíritu lacerado, con Yusra guiando la gloriosa sensación.

***

Los días de Tariq y Yusra transcurrían insufribles, ajenos a la posibilidad de palparse, de verse a la cara y susurrarse un "te amo", de liberar la tensión que produce el amor cuando las fronteras del control amenazan lo deseado. Sus horas en la oficina acontecían salpicadas de suplicios, los dos enamorados tratando de confinar el deseo que se incrementaba día a día en cada mirada, en cada gesto y en cada sonrisa, sin que existiera la posibilidad de liberar aquella energía reprimida que se ensanchaba como una masa incontenible en la imaginación de Tariq.

Cada mañana, cuando la veía ingresar a la oficina, el pretendiente pasaba por la oficina de su *khatiba*,[2] y con la puerta desplayada la miraba a los ojos con la intención de tomarla del brazo y darle un beso apasionado que la sorprendiera, pero lo único que salía de su boca era un tímido *as-salaam-alaykum*. Luego, las horas se esfumaban en sutiles gestos impregnados de impotencia que ambos se expresaban temerosos de que los demás empleados sospecharan que su relación difería del proceso natural del matrimonio yemenita, que transcurría por lo general sin contacto entre las partes. A veces, por la manera en que se comunicaban, parecía que llevaban una relación a larga distancia, porque en realidad, aunque sus oficinas solo estaban separadas por unos cuantos metros, el trecho que existía entre sus deseos y sus posibilidades era gigantesco.

Yusra no podía darse el lujo de tener largas conversaciones con Tariq en la oficina debido al miedo que le provocaba que los demás empleados empañaran la imagen de mujer sensata que con tanto ahínco había cultivado, mientras

---

[2] Prometida en árabe.

Tariq, sospechando que los hermanos de Yusra estaban en contra de su relación, y con el fin de evitar cualquier tipo de roce con el belicoso Abdul Rakim, trataba de minimizar las conversaciones con la fémina. La situación en la oficina llegó a un punto que tuve que concertar una reunión con Tariq para explicarle que debía separar su vida amorosa de su vida laboral, ya que su mente parecía nunca estar allí cuando lo necesitaba. Como compartíamos la oficina, todas sus conversaciones giraban en torno a lo mismo, y ya su trabajo había comenzado a mostrar signos de deterioro.

Una mañana, el director Rami Khalil llamó a nuestro centro para brindarnos la inusitada noticia de que muy pronto todos los empleados del proyecto estarían recibiendo una flota de celulares. Estos medios de comunicación, explicó, facilitarían la logística de la oficina y consolidarían la comunicación entre el proyecto satélite y la capital.

Dos días después, mientras Nasif hacía entrega formal de los celulares, Tariq tomó nota del número de Yusra, que se encontraba publicado junto a los demás en un memo general en el tablero de actividades. Esa misma noche, Tariq marcó el número mientras caminaba nervioso alrededor de su casucha.

—*Ahlan, habibti* –dijo intranquilo.

—¿Tariq? –preguntó Yusra alterada.

—Sí, *habibti*, soy yo –dijo tratando de disimular la exaltación que lo dominaba, aunque las trepidaciones de su voz delataban su agitación.

—¡No podemos hablar por aquí! ¡Es demasiado peligroso! –dijo Yusra–. Si mi padre o mis hermanos se enteran, me matarían –declaró alarmada.

—Pero ellos no están en tu casa ahora, *habibti* –expuso Tariq–. Los acabo de ver bebiendo té en el mercado. Dedícame aunque sean diez minutos –insistió el testarudo.

—Está bien, ¡pero solo diez minutos! –dijo Yusra antes de inaugurar la primera conversación telefónica que tenía con su prometido.

A partir de aquel momento, Tariq comenzó a llamar a Yusra todos los días. Después que sus padres y hermanos salían a media tarde, Yusra le mandaba un mensaje de texto informándole que ya la podía llamar. Cuando el sol comenzaba a entrecortarse en el horizonte, Tariq salía a caminar por la orilla del desierto para que nadie escuchara las palabras que intercambiaba con su amada. En muchas ocasiones, me dejaba esperándolo en la puerta de su casa mientras lo veía caminar como un niño disfrutando de su nuevo juguete. Ella, por su parte, susurraba en la soledad de su pequeño hogar, decretando cada oración ceñida de aquella tensión que sienten los adultos cuando saben que están haciendo algo indebido. El titubeo que emanaba de su voz, sin duda, la delataba.

***

Durante una calurosa noche de marzo, de aquellas capaces de desvelar a los pobladores más habituados a las temperaturas del Tihama, Yusra conversaba con su prometido en medio del silencio que poblaba su desolada casucha. Abdul Rakim, que en aquel momento había llegado al hogar sin que Yusra se percatara, escuchó a su hermana por detrás de la tela colorida que dividía la cocina de la habitación y se quedó allí un par de minutos hasta que escuchó a su hermana murmurar el nombre de su prometido. La furia de Abdul Rakim se fue espesando como un candente bermejo enturbiado de violencia, impulsándolo a entrar a la habitación y derribar a su hermana de una manotada.

—¡Te prohíbo terminantemente que vuelvas a hablar con ese pedazo de hombre! –voceó a todo pulmón, mientras Yusra, un mar de lágrimas, trataba de apaciguar a la bestia que había irrumpido su tierna velada–. Si no quieres que lo mate, jamás vuelvas a hablar con él –gritó antes de arrancar la cortina divisoria y salir disturbado de la casa.

Tariq, que se había quedado escuchando el altercado a través del auricular, sintió la ira de Abdul Rakim, que ahora lo perseguía con las garras de su sombra cada vez que la luz de la luna se entrecortaba con el paso de las nubes. Oír aquella estruendosa voz desgañotarse por su culpa había causado un acelere permanente de su pulso, sobre todo cuando escuchó a Yusra lanzar aquel estridente chillido antes de que la llamada terminase. Incapaz de conciliar el sueño, amaneció en claro, demacrado por el siniestro calor que calcinó Hais aquella noche, ardor interrumpido solamente por las oraciones vertidas de su boca.

Después del incidente, los hermanos de Yusra comenzaron una sigilosa cruzada en contra del enamorado. Cada vez que lo encontraban en las callejuelas del pueblillo, trataban de amedrentar su voluntad con amenazas como "Jamás te casarás con mi hermana", o "Te mato si crees que entrarás a esta familia". Mohammed trataba de mediar entre ellos, pero todos pensaban que el dinero había cegado su juicio, y que le harían la vida imposible a Tariq para que no destruyera el puro linaje de los Mohsen.

Una tarde, Abdul Rakim encontró a Tariq en una solitaria esquina de Hais y su explosivo temperamento se desbordó sobre el débil pretendiente, que recibió una golpiza categórica y quedó maltratado.

—No te queremos en nuestra familia. Destruye tu acuerdo con mi padre para que no te lamentes luego –resolló amenazante el fortachón.

Aunque parecía que el destino de Tariq, como el de su mísero pueblo, estaba lleno de contrariedades, la vida le tenía algunas sorpresas guardadas.

***

Incapaz de contener mi deseo de comunicarme con Maha, la seguía llamando día y noche, esperando que de alguna milagrosa manera el teléfono volviera a activarse y retomáramos las cosas donde las habíamos dejado. Pero eso no sucedió. Durante más de dos meses escuché la voz que decía: "Lo sentimos, este número no existe", hasta que llegué a pensar que la voz no se refería al número, sino a ella, cuya presencia en mi vida había cesado de existir.

En un intento desesperado por saber qué había pasado, decidí llamar al proyecto que lideraba Megan, en el cual Maha era secretaria. Diría cualquier cosa, como "Hola, estoy llamando para que compartamos mejores prácticas… por cierto, cómo están todos por allá… cómo están Abu, Maha, Sandra…" Algo por el estilo debía funcionar.

Marqué el número sin titubeos, y de inmediato alguien al otro lado de la línea respondió:

—*As-salaam-alaykum.*

—*Wa-alaykum-salaam* –respondí.

—¿En qué lo puedo ayudar, señor?

—Ehhh… ¿me podría comunicar con Sandra, la directora del proyecto Juventud sin Límites?

—¿Juventud sin Límites? Humm, ese proyecto ya no existe –dijo la voz–. Hace un par de meses que el contrato expiró.

—¿Y dónde puedo comunicarme con los empleados que trabajaban allí?

—No tengo idea, señor. Por lo que entiendo, ya ninguno trabaja para la organización.

—Entiendo –respondí. Maha estaba cada vez más lejos.

Y sin decir más, colgué el teléfono, fijé la mirada en el desierto que se expandía hacia todas direcciones a través de la ventana, y sintiendo una avasallante desolación, tomé la decisión de no llamarla más. Si Maha quería verme, ella sabría cómo encontrarme.

***

Una mañana, mientras chequeaba mi correo electrónico en la oficina, un mensaje capturó mi atención:

Hola: Leí en tu blog que una persona con la que trabajas no se había podido casar porque le hacía falta reunir una suma de dinero. Te quiero hacer una propuesta: estoy dispuesto a pagarle la dote y cubrir el costo del cinturón si me permiten filmar la boda y sus preparativos. Por favor, plantéaselo a tu colega y déjame saber.

Firmaba un productor de televisión español residente en la República Dominicana. Quedé estupefacto, sin reaccionar frente a tal sorpresa. Jamás imaginé que uno de mis paisanos estuviera dispuesto a poner fin a las angustias de Tariq. El dichoso, que todavía no había llegado a la oficina, tenía que enterarse de esto y enterarse ya. Salí corriendo hacia su casa y, sin aliento, toqué a la puerta.

—¡Tariq, hermano mío, tengo algo increíble que contarte! No sé si sabes que tengo un blog, y hace un par de días escribí sobre todo lo que has pasado con la familia de Yusra, y aunque te cueste creerlo, un director de cine me ha escrito diciendo que está dispuesto a pagarlo todo si tú le dejas filmar la ceremonia.

Tariq quedó boquiabierto, y durante unos segundos pensé que no había escuchado lo que le acababa de decir. Después revivió:

—¡Señor, por favor, no bromee conmigo así! ¡Usted sabe lo importante que es esto para mí! ¡¿Usted me está diciendo que lo cubrirá todo?!

—Bueno, sé que cubrirá el pago de la dote. Me imagino que con eso podrás casarte, ¿no?

—Bueno, ahí no están las joyas que tengo que darle a Yusra, ¡pero dígale que sí, que estoy seguro de que con eso no habrá problemas!

—Bueno, hermano, prepárese, que pronto estarás disfrutando de tu nueva esposa —dije ilusionado, a sabiendas de que treinta años sin disfrutar la compañía de una mujer debía de ser algo terrible.

Sin poder contener su alegría, el dichoso salió disparado hacia donde se encontraba su madre, listo para anunciarle la gran noticia.

—Hijo mío, no quiero que lo tomes mal pero, ¿de verdad crees que la familia de Yusra, sabiendo tú lo difíciles que son, te van a soltar su fuente de ingresos tan fácil? —preguntó Fawzyah Zuheiri desplegando la sabiduría acumulada durante seis décadas de residir en Hais.

—¡No seas tan pesimista, madre! ¡Estoy seguro de que aceptarán la oferta! —respondió Tariq confiado.

—Bueno, hijo, *inshallah*, ¡*inshallah*!

***

Después de consultar con Tariq la propuesta, informé al productor de televisión que el novio estaba más que dispuesto a aceptar el dinero. Me quedé frente a la computadora, a la expectativa de que el productor pudiera responderme de inmediato y así saciar la curiosidad que me tenía comiéndome las uñas. Después de esperar toda la tarde, decidí regresar a la casa. A la mañana siguiente, cuando llegué al trabajo, el correo esperaba por mí:

Buenos días:
He reunido a mi equipo de trabajo para informarle que el proyecto ha sido aprobado y todos están fascinados. A partir de hoy estaremos trabajando en la logística del viaje para definir una fecha. Necesitamos que nos ayudes a tramitar todo el proceso para que cuando lleguemos, solo tengamos que poner nuestras cámaras a rodar y que el resto sea historia. Estamos contando con tu cooperación y la de Tariq para que las imágenes de su boda puedan recorrer el mundo.

Una considerable suma de dinero y un hombre desesperado por casarse no era una combinación conveniente en un lugar como Hais. Una nublada mañana, como si la naturaleza estuviera escéptica frente a un acontecimiento tan anómalo como el de recibir dinero por correo desde una isla caribeña para que un yemenita de treinta años finalmente se casara, unos fondos provenientes de la República Dominicana fueron recibidos en las oficinas del Banco CAC, localizado en el primer piso del mismo edificio donde se encontraba mi residencia. Un nervioso Tariq acudió al banco, incrédulo hasta el último minuto de la enorme dicha que le había acontecido. Después de recibir el dinero, sudoroso, me dijo:

—Señor, me voy de inmediato a casa de Mohammed para negociar a Yusra. Ore por mí para que tenga éxito.

Aquella tarde, como parte del proceso natural de todo lo que acontecía en el paraje, los rumores se habían esparcido como hoguera en un pajar, y un sinnúmero de pobladores me había comenzado a preguntar, curiosos por saber la decisión de Mohammed.

—Todavía no sabemos nada –les dije mientras esperaba la llamada de Tariq, que había quedado de comunicarse desde que tuviera noticias.

Estaba ansioso por saber qué pasaría, sobre todo por la responsabilidad que tenía frente al equipo de documentalistas de televisión. Aunque deseaba con toda mi voluntad que Tariq lograra unirse a Yusra, me preocupaba la idea de obligarlo a que me devolviera el dinero si la negociación resultaba fallida. No había que ser muy astuto para saber que cuatro mil dólares, una suma rara vez vista en Hais, serían difícilmente restituidos. Aquel que había sido lo suficientemente dichoso para recibirla no soltaría la pequeña fortuna sin antes tratar de hacer lo imposible. Aunque todavía no lo sabía, los eventos que el destino nos tenía reservados ya estaban escritos en cada corazón que anhelaba ser cobijado por los delirios del amor.

***

—*Masakh al khair*[3] –murmuró Mohammed inhalando de su pipa el humo viscoso, que bailaba bajo el cielo grisáceo–. Siéntate aquí para que conversemos.

La humedad intensificaba la irritación que abarrotaba al viejo cuando estaba cerca de Tariq, y las manos temblorosas del prometido delataban el nerviosismo y la impotencia que Mohammed le hacía sentir.

---

[3] "Buenas tardes" en árabe.

—Necesito hablar con usted, Mohammed. Tengo casi todo el dinero prometido, a excepción de las joyas de Yusra. ¿Cree usted que podríamos ponerle fin a este proceso? Ya ha pasado suficiente tiempo para que usted se cerciore de mi virtuoso interés por su hija –explicó Tariq sin mucho preámbulo, mientras Mohammed llenaba sus pulmones entre la bruma saturada de sudor.

—¿Cuánto traes en la bolsa? –preguntó Mohammed.

—Lo necesario para cumplir con usted –dijo Tariq.

—De acuerdo. Has cumplido con lo que te pedí, aunque no estoy seguro de que Yusra se case contigo sin que antes le compres sus joyas –dijo el padre.

—Eso lo hablaré con ella. Después que le explique la situación que tengo entre manos, estoy seguro de que aceptará lo que tengo que ofrecer –dijo el enamorado, apostando por el amor que creía tener afianzado.

—Pues primero ponte de acuerdo con mi hija, que lo demás vendrá si las estrellas se te alinean –dijo el viejo en tono soberbio, y Tariq ratificó una de las tantas razones de por qué no soportaba su inaguantable altanería.

—Eso haré –dijo Tariq, que se levantó impetuoso y salió resuelto por la puerta.

***

Al salir de la casa de Mohammed, le aconsejé a Tariq que llamara a Yusra lo más pronto posible. Aunque en muy raras ocasiones se habían atrevido a comunicarse después del altercado con Abdul Rakim, aquella tarde Tariq le mandó un mensaje de texto diciendo que le era imperativo hablar con ella. Poco después del anochecer, Yusra le respondió que podía llamarla.

—¡No vas a creer lo que me ha sucedido, *habibti*! –exclamó Tariq después de escuchar a Yusra al otro lado de la línea.

—¿Qué ha pasado? –preguntó la prometida.

—¡He conseguido el dinero! Tengo en la mano lo que tu padre me pidió y ya solo hace falta que nos casemos –dijo.

—Mi padre me ha comentado algo al respecto, *habibi*, pero, ¿es cierto que ese dinero no es suficiente para cubrir mis joyas? –preguntó Yusra.

—No, *habibti*, pero prometo que luego te las conseguiré. Este dinero lo tengo que utilizar de inmediato ya que si no lo empleo para que nos casemos, lo perderé. El jefe se ha puesto en contacto con un equipo cinematográfico de la República Dominicana, y ellos han ofrecido pagarnos la boda. Entiéndeme, si no logro utilizarlo, lo tendré que devolver y perderemos esta milagrosa oportunidad. Más que nadie, tú sabes exactamente lo que gano, y comprendes que conseguir esa cantidad de dinero con el empleo que tengo es muy difícil. Si no aprovechamos esta oportunidad, quién sabe cuándo podremos casarnos.

—Pero, ¡¿cómo pretendes que me case sin tener mis joyas matrimoniales?! –vociferó Yusra, presa de una antigua tradición donde el valor que el hombre le daba a la mujer era directamente proporcional al oro que esta recibía como parte de la dote. Ese oro le aseguraba un sustento en caso de que su pareja no pudiera mantenerla por enfermedad o cualquier otra emergencia; más que para usarlas, las joyas se desplegaban durante la ceremonia y luego se guardaban, considerándose parte del patrimonio familiar manejado por la mujer.

—No puedo creer lo que me estás diciendo –dijo Tariq, indignado frente a las exigencias de Yusra–. ¿Estás diciéndome que no te casarás conmigo porque en estos momentos no puedo ofrecerte esas joyas?

Aunque sabía que ninguna mujer de su pueblo aceptaría la oferta que hacía a Yusra, había pensado que debido a la cercanía que habían mantenido durante el noviazgo y la singularidad del asunto que le había caído entre manos, la pretendida aceptaría la oferta y se casaría con él.

—Así es. Sabes que me harás quedar como una ridícula frente a mi familia si acepto casarme contigo sin las joyas que me prometiste.

Durante un momento que pareció interminable, Tariq se quedó en silencio del otro lado de la línea, incapaz de decir una sola palabra. Aunque una parte de él había previsto la situación que ahora lo disturbaba, su orgullo se negaba a aceptar la respuesta que le daba su amada. La oportunidad de casarse se disolvía en la terquedad de una mujer obstinada en conseguir algo que él no podía ofrecerle. El tiempo, imparable, transcurría como un tren a punto de arrollar al que se había quedado paralizado en la apatía de sus rieles. Y con su mente en blanco, Tariq colgó el teléfono.

***

Regresé al apartamento al anochecer y, poco después, me acosté en el techado. Alrededor de las doce, la lobreguez del desierto ya había invadido todos los rincones de Hais y se escuchaba solo al viento susurrar su distintiva melodía. No tenía idea de si el matrimonio iba a funcionar y eso me tenía desvelado. Ya cuando estaba a punto de dormirme, sonó el celular.

—¿Aló? –respondí azorado.

—¡Señor, voy a romper mi relación con Yusra! –dijo Tariq lloroso.

—Hermano, ¿cómo así? –respondí sacudido.

—Hablamos mañana, señor. Solo quiero que lo sepa. Y perdone por molestarlo tan tarde –dijo.

—Amigo, solo recuerda que los caminos de Allah son misteriosos. Déjalo todo en sus manos –exclamé, tratando de consolar su desamparo.

***

—Señor, discúlpeme por haber interrumpido su sueño anoche. Tenía un dolor terrible en el corazón, y la necesidad de compartirlo con cualquiera dispuesto a escucharme superó mi vergüenza –dijo Tariq–. Pero es que no sé qué hacer, señor. Lo único que podría hacer es utilizar el dinero para casarme con otra mujer.

—Tariq, el equipo dominicano estará aquí en una semana. ¿Crees que puedas conseguir una esposa en tan poco tiempo? –pregunté, escéptico de sus posibilidades y comenzando a sentir culpa por haber situado al pobre hombre en tan absurda situación.

—No me quedan más opciones señor. Ya tengo treinta años, y la mujer que pensé que vendría conmigo si algún día una situación como esta tocaba a mi puerta me está dando la espalda. Creo que la única opción es dejar a Yusra y lanzarme a la búsqueda de otra mujer. Si Allah fue capaz de bendecirme de esta manera, permitiendo que una pequeña fortuna llegara a mis manos desde un lugar tan distante, tal vez mi destino no le pertenece a Yusra. Usted mismo conoce todos los problemas que he tenido con su familia. Su padre ha abusado de mí desde el día en que le pedí la mano de su hija. Sus hermanos continúan amenazándome cada vez que me ven en las calles. ¡Señor, ayúdeme a buscar una nueva esposa!

—Vamos a ver qué hacemos, Tariq —dije aprensivo—, aunque lo primero que debemos hacer es llamar al equipo de filmación para ponerlos al tanto de la situación.

—No los llame, señor —dijo Tariq.

—¿Por qué no? —pregunté.

—Señor, ¿y si deciden no venir?

—Tariq, ellos vienen por tu boda. Si la boda no está segura, no podemos permitir que gasten una millonada movilizándose hasta aquí.

—Señor, confíe en mí. Deme esta oportunidad. Si ellos vienen buscando filmar una boda, les daremos una boda que filmar —dijo Tariq.

—Bueno, pues si estás tan seguro, no los llamaré. Eso sí, que si no logras encontrar quien se case contigo, te voy a casar con un camello.

***

Luego de tomar una de las decisiones más difíciles de toda su vida, Tariq llamó a Yusra. Se encontraba frente a mí, mirándome directo a los ojos, como si tratara de anclarse en algo sólido para poder superar la situación con la mayor dignidad posible.

—Hola, Yusra. He tratado de hacerte entender lo que tengo entre manos, pero no has sido capaz de dar este salto conmigo. Ya estoy viejo y no puedo esperar más. Por esto, querida, no podré seguir contigo —dijo, mientras una sucesión de suspiros y jadeos se escuchaba del otro lado de la línea–. No me puedo dar el lujo de perder esta oportunidad por tu impertinencia. Te juro que pensé que nada podía amenazar lo nuestro, pero me he dado cuenta que eres igual que tu padre. Espero que logres perdonarme.

—¿Cómo eres capaz de hacerme esto? –se escuchó del otro lado del teléfono.

—Lo siento –dijo Tariq antes de poner fin a la conversación.

Aunque seguía firme en la decisión que había tomado, nada lo había podido preparar para la concretización de esta nueva realidad en la que de repente se encontraba. Se había quedado sin prometida y tenía un saco de dinero que podía poner en uso de inmediato para conseguir lo que siempre había soñado.

—Bueno, Tariq, hay que moverse. No tenemos mucho tiempo para casarte –dije.

—Así es, señor. Iniciemos la búsqueda –suspiró.

***

Hanadi era una hermosa joven en plena cúspide adolescente, cuñada del hermano de Tariq, y la primera opción a considerar. Al estar íntimamente relacionada con su familia, era por defecto la mejor elección. Su belleza la precedía en las conversaciones familiares, y Fawzyah Zuheiri siempre la había tenido en la mira como una de las manos a pedir si la negociación con la familia de Yusra no se concretaba. Una mañana decidimos partir hacia la casa de la pretendida a proponerle matrimonio. Nos acompañaba el elemento más importante de la reunión, Fawzyah Zuheiri, gestora del convenio que tendría que ser arreglado lo antes posible si la familia de Hanadi aceptaba el acuerdo. El hermano de Tariq se ofreció a actuar como mediador, ya que su fructífera convivencia con la familia de la chica podría balancear las cosas a favor del solterón, y ejercer un elemento de presión en el apresurado convenio.

Aquella mañana compramos dos kilos de cordero, frutas variadas, y *qat* de la mejor calidad: ingredientes suficientes para amenizar la comida y confiar en que la hojuela narcótica manifestara su mágica intervención. Tariq no podía contener su nerviosismo. El momento decisivo había llegado. A ley de seis días los productores de televisión llegarían a Yemen, y esta era la única familia conocida que podría facilitarles una apresurada unión.

—Si esta no cuaja –dijo Tariq–, tendrá que bajar del cielo una mujer vestida de novia, porque como van las cosas, podría terminar sin dinero y sin esposa.

***

Viajamos a Hodeidah con un objetivo en mente: pedir la mano de Hanadi. Aunque no conocía al pretendiente, sus diecisiete años de vida habían sido una continua espera para este decisivo momento. Sus manos temblaban mientras escuchaba a su madre negociar el precio de su dote con Fawzyah Zuheiri, la suegra de su hermana. Su belleza ingenua, oculta a sus doce años, desde la llegada de su menarquía, solo había sido apreciada por sus familiares cercanos, los únicos conocedores de su cándida exuberancia.

—En Occidente, el amor se trata de cosechar antes del matrimonio, mientras que en Yemen lo cosechamos después que el anillo está puesto –expuso Foad Abdul, el hermano de Tariq, mientras masticábamos *qat* en la casa de los padres de Hanadi. Casado a los veintiún años con una adolescente de catorce, Foad Abdul jamás se había lamentado de su decisión–. Ya mi esposa y yo tenemos seis años juntos, y te puedo decir de todo corazón que nos hemos llegado a amar profundamente –confesó, mientras pasaba cincuenta *riales* a su segunda hija, que con solo cuatro años parecía sabérselas todas.

Tariq se mordía las uñas esperando ansioso la respuesta de la familia de Hanadi, y en un momento en que nos quedamos solos en la sala, su hermano le dijo:

—Tariq, no te preocupes, que si aquí no te aceptan, el jabón siempre estará allí para ti –comentó entre risas, sus manos gestando movimientos de arriba hacia abajo muy cerca de su región pélvica–. Les digo, si no me va bien con esto de ser chofer, creo que me voy a meter en el negocio de los jabones, ya que es una mercancía en eterna demanda en nuestro pueblo.

Tariq lo miró con ojos de desprecio, y decidió no decirle nada.

***

La verdad de lo que pasó en la negociación nunca salió a flote. Según nos contó Tariq al día siguiente, la madre de Hanadi llamó a su casa poco después de que arribáramos a Hais y habló con Fawzyah Zuheiri, que se quedó muda después de colgar el teléfono, con la mirada indiferente y la actitud indescifrable, aunque era obvio que debajo de aquella fachada la sangre de la doña hervía de coraje.

—¿Qué ha pasado, mamá? –preguntó Tariq presintiendo la respuesta que se avecinaba.

—No se pudo lograr nada –dijo la madre–. No me dieron muchas explicaciones, aunque consideran que la chica no está preparada para casarse de manera tan repentina.

En ese momento, Tariq corrió a la oficina y entró con vehemencia. Cruzó miradas con Yusra, que atendía a una paciente, y sintió un punzón en el lado derecho del pecho cuando esta le cortó los ojos. Subió las escaleras donde se encontraba Nasif, su amigo de infancia, que conversaba conmigo sobre cómo educar a los profesores del área para que pudieran mejorar su actitud hacia los niños con discapacidades físicas.

—No lo van a creer –dijo agitado–. La familia de Hanadi ha declinado la oferta. Creo que al final me quedaré sin prometida, sin esposa, y sin dinero. ¡No puedo creer que esto me esté pasando! –exclamó amargamente, mientras esquivaba mirarme a los ojos, a sabiendas de que yo le había propiciado la pesadilla en la que ahora vivía.

—¿Cuántos días quedan para que lleguen los de la televisión? –preguntó Nasif.

—Cinco –exclamé.

—Humm –pensó Nasif en voz alta–. Tengo un plan. Me voy de inmediato a las montañas de Tai'z. Tengo un tío con mucha influencia en el área y tal vez pueda ayudarnos. Ustedes pueden salir en la camioneta por los poblados cercanos, sobre todo por aquellos en los que hemos trabajado. Llévate a tu madre y llévate el dinero –dijo Nasif disipando el pesimismo que se había instalado entre nosotros–. ¡Te casaremos, Tariq, te lo prometo! –fue lo último que dijo al salir disparado por la puerta.

***

La vieja camioneta brincaba sobre las dunas con dificultad. Junto a Tariq y su madre, nos habíamos lanzado de lleno a la búsqueda de una esposa por todos los pueblillos colindantes. El sol ardía por entre las ventanas del vehículo que, al no poder ser abiertas totalmente, nos dejaban a merced del hervor del atardecer. Íbamos callados, orando a nuestros dioses para que el esfuerzo desembocara en el hallazgo de una mujer capaz de sanar el corazón a Tariq. En pocos días, el equipo de televisión estaría llegando a Yemen, y los pronósticos indicaban que no habría boda.

Nos parqueamos en la pequeña aldea de Al-Raba, un muestrario de viejas casuchas de barro y una pobreza tangible, que nos recibió con el afable y hospitalario talante rural yemenita. A Yasser Al-Khali, el líder de la aldea, le fue explicada la situación. Procedió a asegurarse de nuestra comodidad en una pequeña habitación donde acostumbraba a recibir a quienes se dignaban visitar su caserío. Nos sentamos en un viejo colchón maltratado por el tiempo y nos sirvieron dos tazas de té negro para apaciguarnos las ansias.

Fawzyah Zuheiri desapareció de la escena escoltada por una mujer velada que la tomó por el brazo desde que salió del vehículo. Su misión: conocer y negociar el precio de las mujeres que tuvieran la edad y la disposición de casarse. Mientras tanto, Yasser nos explicó que en la comunidad había dos niños con labio leporino y quería saber cómo podríamos ayudarlos. Le prometimos que para el mes próximo los incluiríamos en el grupo de infantes que visitarían la ciudad de Ibb[4] para ser operados por la organización *Yemen Smile* que, liderada por el doctor japonés Taku Mizutani, había operado a miles de niños por todo el territorio. Momentos después, un adolescente entró con los dos chiquillos cargados y les abrió la boquita para enseñarnos que uno de ellos no solamente tenía lesiones externas, sino que también era necesario operarle el paladar.

---

[4] Ciudad yemenita localizada a 194 kilómetros al sur de Sana'a. Cuenta con una población de 160,000 habitantes.

—No se preocupen –dije tranquilo–. Ya hemos visto casos peores. El mes que viene no los podrán reconocer. El doctor Mizutani es un verdadero artista.

El adolescente le pasó los niños a Yasser y salió corriendo después que un motorista silbara desde afuera. Entró segundos después con dos enormes ramos de *qat*.

—Es el mejor *qat* que se consigue en esa zona –dijo Yasser tomando uno de los ramos, desprendiendo las hojas y echándoselas bajo el buche. Poco después, la vieja nos señaló que ya podíamos irnos. Su rostro lo decía todo: "Necesitan más tiempo", nos informó, y nos despedimos de nuestros huéspedes. Continuamos hacia la próxima aldea.

***

La camioneta avanzaba por tierras infecundas y áridas, pero a medida que procedíamos, pinceladas de verdor comenzaban a desplegarse, mientras el vehículo se internaba en la zona montañosa al este de Hais. El calor estaba en su máxima potencia, y la carencia de aire acondicionado había provocado una masiva sudoración por parte de todos los presentes. El pueblillo de Al-Ghawb ya comenzaba a desvelarse en el horizonte. Un grupo de hombres nos recibieron armados hasta los dientes, cargando sus AK-47, mientras saludaban sonrientes.

—La señora puede pasar por aquí –indicó un muchachón que parecía entrenado en la minuciosa segregación de sexo típica de la región.

—No se apure señor –susurró Tariq–. Los pobladores de Al-Ghawb son fanáticos de las armas, aunque no se les conoce por causar problemas.

—Pasen por aquí –nos comunicó Al-Hazred, un hombre de mediana edad que, a pesar de su diminuto tamaño, intimidaría a cualquiera.

Luego de repetir una ceremonia similar a la que ya habíamos vivido en Al-Raba, nos invitaron a subir una colina desde donde apreciaríamos la majestuosa vista que se observaba.

—Desde allí podrán apreciar todo nuestro pueblo y nuestra hermosa tierra –anunció Al-Hazred orgulloso–. Si quieres, cuando lleguemos al tope puedes probar mi arma –prosiguió con autoridad.

Al llegar a la cima, Al-Hazred me pasó su AK-47 y señaló hacia una ladera de piedra que se encontraba al lado a la colina donde estábamos. Dijo: "¡Apunta y dispara!" Al tomar el arma y apoyarla en el hombro, me envolvió una sensación de libertad que hasta ese momento desconocía. Por un momento, me sentí como T. E. Lawrence preparándose para luchar contra los turcos durante la revuelta árabe. Luego de varios disparos y una masiva descarga de adrenalina, escuchamos unos silbidos provenientes del poblado, donde avistamos a la madre de Tariq indicándonos que ya era hora de marcharnos.

—Pueden descartar este pueblo –dijo al abrirle la puerta de la camioneta–. El mismo problema que en el pueblo anterior –informó sin necesidad de preguntarle–. Nos dicen que no les estamos dando suficiente tiempo para que nos puedan conseguir una mujer de su morada.

En cada pueblo que fracasábamos, las posibilidades de matrimonio se hacían menores. En mis pensamientos, comencé a ensayar lo que tendría que decir al equipo de televisión cuando llegaran a Yemen y se enteraran del embrollo.

Por todo lo que estaba ocurriendo, había dejado de escribir en el blog para no levantar sospechas, y muchos de los que me leían, que rondaban los miles, escribían incesantemente preguntando por Tariq y Yusra. "Tendré que ingeniármelas para que encuentren otras cosas que filmar", pensé tratando de aliviar mi preocupación.

***

Aquella tarde pareció prolongarse infinitamente, como si la tierra hubiera parado de rotar. La historia se repitió en media docena de poblados, donde al parecer cuatro mil dólares no valían nada. Al caer el sol, decidimos regresar a Hais. Nuestros rendidos semblantes y el silencio que imperaba en el vehículo daban fe de que estábamos exhaustos y desprovistos de esperanza. Fawzyah Zuheiri venía con los ojos cerrados, contando las bolitas de su *tasbih*, una pulsera de cuentas utilizada para la oración en la religión musulmana, mientras la camioneta brincaba sobre las dunas. Tariq venía comiéndose las uñas. Yo, en cambio, me sentía culpable por haber causado aquella desastrosa situación. Sin proponérmelo, me había convertido en el autor intelectual del corazón roto de Yusra, la frustración de Tariq, y el posible fracaso del equipo de filmación.

Cuando llegamos a Hais, que en aquel momento lucía más mísero que nunca, decidí llamar al productor de televisión y ponerlo al tanto de la situación. Aunque le había prometido a Tariq que no lo llamaría, el día de la llegada estaba demasiado cerca. No iba a ser capaz de mirarle a los ojos si llegaba a Hais sin una boda que filmar.

—Buen día –respondió el director.

—Hola, te llamo desde Hais. Para no hacerte la historia muy larga, Tariq y Yusra han terminado.

—¿¡Queeé!?

—Tenemos varios días tratando de casarlo con otra mujer, pero todavía no hemos dado con ninguna. Sé que debe ser muy difícil para ti escuchar esto, pero quería avisarte antes de que llegaras por si las cosas no cambian.

—¡Pero, pero… es que no lo puedo creer! ¡El objetivo principal de este proyecto ha sido esa boda!

—Sí, lo sé, lo sé…

—¡Oye, haz todo lo posible para que ese hombre se case! Ya el canal nos aprobó todo, ya compramos los pasajes y no podemos echar para atrás el proyecto –dijo el director.

—Estamos trabajando día y noche para eso.

En aquel momento la llamada se cortó y mientras la angustia se instalaba entre el director, el novio, y yo, las cosas tocaban fondo y todo quedaba en manos de Allah. ¿Qué más podíamos hacer?

***

A solo cuatro días de que el equipo de filmación llegara, no podía vivir con la idea de ver a Tariq totalmente arruinado por la intromisión que me había permitido en su vida. Comencé a entender por qué los antropólogos trataban de interferir lo menos posible en las poblaciones que estudiaban, aun cuando en muchas situaciones podían cambiar el destino a los mismos individuos que se proponían estudiar. No me perdonaba el hecho de haberme inmiscuido de manera tan invasiva en el fino balance que se había forjado en aquellas sociedades durante milenios, dándome el lujo de alterar la vida de aquellos que me rodeaban, mientras pensaba que de alguna manera los estaba ayudando.

Al llegar a la oficina al día siguiente, la tensión se había apoderado del centro. Todos los empleados estaban agobiados por la depresión de Yusra y el desasosiego de Tariq. Hasta los pacientes andaban preguntando qué pasaba, ya que era obvio que las cosas no marchaban bien. Ya cuando pensé que la situación no podía ponerse peor, una llamada irrumpió en el celular de Tariq.

—Adivina –dijo Nasif aparentando estar tan desolado como él–. ¡Te tenemos una esposa! –gritó–. Se llama Afrah y su familia ha aceptado nuestra propuesta.

El dichoso, que se encontraba sentado en su escritorio con la mirada perdida, lanzó un alarido que fue escuchado en varias casas contiguas.

—¡Dame los detalles! –gritó atolondrado.

—Vive en las montañas donde reside mi tío. Él nos ha apadrinado ya que, como te dije, es muy respetado en esta zona –dijo Nasif–. La familia de Afrah, tu futura esposa, confía enormemente en su juicio, y como este les ha dicho del gran hombre que eres, no tuvieron que pensarlo dos veces.

—Tenemos poco menos de cuatro días para prepararlo todo, así que manos a la obra –vociferó Tariq brioso.

Ya solo era cuestión de horas antes de que el equipo de televisión llegara a Hais a filmar una real, apresurada, y bendecida boda yemenita.

***

Un Boeing 727 aterrizó bruscamente en la ancha pista del aeropuerto de Hodeidah. Los productores habían llegado a Yemen inquietos, desconociendo los detalles de los recientes acontecimientos que habían enardecido al sosegado pueblillo. El equipo entró a inmigración con caras teñidas de cansancio y con ciertas pinceladas de decepción. Uno de los camarógrafos inmediatamente me reconoció y le informó al grupo que eran esperados del otro lado del salón.

—¡La boda va! –fue lo primero que dije mientras obviaba los saludos.

—¡No lo creo! ¡Pero si hace pocas horas el hombre ni novia tenía! –exclamó el director.

—Así es. ¡Bienvenidos a Yemen! –dije, ayudando con las maletas y a la espera de Mohammed Osman, que buscaba la van en una esquina del parqueo.

***

"¿Y será verdad que se llegarán a querer?", me preguntaba mientras me balanceaba en la cama de una camioneta que se adentraba en las montañas de Tai'z. Doce hombres nos acompañaban en la crucial travesía, cuyo propósito era acompañar a Tariq Zuheiri para buscar a su nueva esposa, y filmarlo todo en el proceso.

Unas horas antes habíamos salido de Hais despavoridos, mientras el tembloroso novio seguía digiriendo la idea de que una mujer desconocida estaba a punto de entrar en su vida de manera permanente.

—Señor, no puedo creer que ha llegado este momento –dijo Tariq mientras nos acercábamos a la casa del mediador, donde comenzaría el evento, y de donde partiríamos hacia el hogar de la futura esposa.

Cuando el prometido salió del vehículo, las tamboras imbuyeron el ambiente de un aura sacra, prediciendo las llamaradas de pasión que surgirían después de treinta años de espera. Subimos el inclinado camino rocoso rumbo a la casa de Saeed, el tío de Nasif, que se había encargado de la unión. En el camino notamos a uno de sus pacientes amarrados a una puerta de metal en una pequeña choza de madera donde apenas cabía una persona. Nos miró de reojo, sin inmutarse por la algarabía que se había formado afuera.

Proveniente de un largo linaje de brujos que sanaban utilizando remedios naturales mezclados con el paganismo ancestral que antecedía al Islam, Saeed Hashem era la opción a considerar para muchos habitantes que no tenían acceso a médicos profesionales. Su padre, Mohammed Hashem, le había enseñado todas las invocaciones necesarias para curar decenas de padecimientos, y le había dado las fórmulas secretas de plantas y raíces que ayudaban a curar a los pacientes que por docenas tocaban su puerta. Debido a las recientes y poderosas influencias del Islam *wahabita*, Saeed había tenido que desistir de aquellas prácticas paganas que habían poblado la práctica de su padre, y utilizar únicamente oraciones islámicas para no ser repudiado por sus compueblanos más conservadores. Muchos de sus vecinos consideraban que tenía poderes sobrehumanos, y todos le guardaban cierta admiración y respeto.

Luego de rendirle honor a Saeed masticando el *qat* local en su residencia, el atardecer nos indicó el siguiente paso: buscar a la futura esposa. Volvimos a montarnos en la camioneta; desde que salimos, Tariq, visiblemente nervioso, se posicionó a mi lado y dijo:

—Señor, le pido por favor que filmen de manera muy discreta ya que su familia es de las más tradicionales del área, y es posible que al ver las cámaras decidan no entregarme a la mujer.

—Bueno, haremos lo posible, compadre, pero tú sabes que estas cámaras son bastante visibles, así que ten fe en Allah de que todo saldrá bien –respondí, perturbando aún más su delicado estado, pero dejándole claro que la razón de ser de la boda era aquel equipo de filmación que había proveído los recursos para que el evento se concretara.

El amor, el amor

Blog desde Yemen
8 de abril de 2010

¿Y será posible cultivar el amor con cualquier mujer?, me pregunto en silencio mientras la camioneta rebasa un rebaño de ovejas que camina a un lado de la carretera. En el tope de una pequeña colina se distingue la morada de la futura esposa, donde una multitud se ha congregado y donde retumban fuegos artificiales que se escuchan por toda la cordillera. Tariq desciende del vehículo agasajado por su futuro cuñado, que lo toma del brazo de manera imponente y lo ayuda a avanzar por entre el gentío hasta ingresar al hogar.

Los del equipo de filmación apresuran el paso caminando detrás de Tariq, listos para capturar la escena. Cuando tratan de entrar a la casa, un amenazante muchachón los detiene en seco, su mano derecha extendida, enseñándoles la palma de su mano, mientras la izquierda se acomoda en el mango de la *jambiya* que lleva en frente, indicándoles claramente lo que les espera si intentan forzar la entrada.

Nos acomodamos a unos diez metros de la residencia, desde donde avistamos a decenas de mujeres con rostros cubiertos y emitiendo sinfonías guturales que transforman la experiencia en algo inolvidable. La mayoría se encuentra observando la celebración desde el segundo y tercer piso de la morada, escondiéndose cada vez que uno de los hombres alinea su mirada con las de ellas.

Se hace obvio que la presencia del equipo de filmación ha causado cierta tensión en la casa de la novia, y me pregunto si Tariq logrará salir de aquel lugar. Momentos después, acompañado de una abundante cantidad de rosas y confetis dejadas caer por las mujeres que se encuentran en los pisos superiores, el novio sale disparado por la puerta, agarrando a su futura esposa del brazo mientras una lluvia de fuegos artificiales lanzados en todas direcciones sacude el lugar. La novia, con su largo vestido blanco y un manto negro sobre el rostro, se muestra dispuesta.

Cuando Tariq y su mujer se pierden en la intimidad del vehículo que los llevará hasta Hais, nos apresuramos para llegar antes que ellos, y así dar tiempo al equipo de filmación para que preparen las cámaras en el lugar donde se celebrará el evento. Y entre toda la algarabía, las palabras de Unamuno apaciguan las inquietudes que me venían siguiendo los pasos: "¿Y cómo me he enamorado si en rigor no puedo decir que la conozco? Bah, el conocimiento vendrá después. El amor precede al conocimiento, y este mata a aquel. Primero el amor, el conocimiento después".

***

Hais nos esperaba en silencio. El poblado parecía haber mutado a sabiendas de la sagrada unión de uno de sus hijos, y solo esperaba el momento oportuno para unirse a la celebración. Logramos llegar a la casa antes que la pareja y allí nos recibieron varias docenas de almas que esperaban impacientes a los agasajados. Un cordero se paseaba frente a la puerta de la casa de Tariq, bajo el dominio de un adolescente que lo aturdía sin piedad.

Después que el equipo preparó el espacio para la filmación, instalando las luces adecuadas y posicionando las cámaras, aguardaron inquietos a la pareja. Unos minutos más tarde, un estruendo parecía acercarse. Incontables faros de motocicletas venían liderando al vehículo que cargaba consigo a los dichosos. Cuando llegaron, cundió la algarabía y las motos se avalanzaron sobre los presentes mientras hacían piruetas, dando vueltas sobre sus propios ejes y levantando una polvareda que ya comenzaba a arroparnos. De entre la niebla creada por los motores apareció el vehículo de los futuros esposos. Tariq salió ofuscado, con sus manos entrelazadas a las de su pareja, que también iba escoltada por su hermano, quien no pareció estar muy contento al ver el aparataje que se había formado frente al lugar (véase: luces, cámaras y acción).

Justo cuando se disponían a entrar a la residencia, el cordero que andaba berreando asustado por el griterío fue empujado hasta la puerta de la casa. Allí, ante los ojos de Tariq y de su esposa, el animal fue degollado con un filoso cuchillo. Mientras el cordero balaba y la sangre se esparcía a cántaros por toda la entrada, la novia se subió la falda hasta las rodillas y junto a su marido brincó sobre la agónica bestia, que daba sus últimos soplos de vida. Las impurezas de Tariq y Afrah quedarían allí, impregnadas en la sangre del cordero, que les daría el chance de comenzar una vida nueva, limpia y promisoria.

En el interior de la casa se encontraban decenas de mujeres que estarían iniciando la fiesta de las féminas, la parte imposible de filmar. En un desesperado intento de traer a la luz las intimidades de estas fiestas, una de las productoras trató de entrar a la celebración con una cámara escondida, pero a las mujeres locales no les dio trabajo darse cuenta del trucaje, y mientras le voceaban ¡*mamnuh*!,[5] la expulsaron de la residencia. Allí, hasta Tariq tuvo que retirarse a sus habitaciones hasta que pasara la celebración, y esperar a que todas las mujeres que habían asistido comieran, masticaran *qat*, y se hartaran de conversar antes de disfrutar de la intimidad de su nueva esposa. Aunque Tariq pensaba que esa noche le pondría fin a sus más de treinta años de espera, el destino todavía le deparaba alguna sorpresa.

—¡Amor mío, no te imaginas lo que he esperado este momento! –comentó a su esposa luego de que terminara la fiesta.

—¡Tariq, aún no puedo permitir que me toques! –exclamó Afrah–. Sabes que tienes que darme los sesenta mil *riales*[6] antes de que hagamos cualquier cosa –le explicó sobrecogida, indignada por el atrevido que se había lanzado al ataque de manera tan impulsiva.

—¡Pero si ya le he pagado cuatro mil dólares a tu padre! –protestó Tariq–. ¿Y cómo es posible que hoy, un día tan especial para nosotros, se te ocurra esto? –gritó el brioso y desesperado valiente, expresando a viva voz la angustia de sus diez mil noches de soledad.

—Si quieres, lo podemos hablar mañana con mi familia –murmuró su mujer, agitada por la reacción inesperada de su marido–. Pensé que sabías lo que se estila en nuestro pueblo –susurró avergonzada.

---

[5] Significa prohibido en árabe.
[6] Alrededor de 300 dólares.

—Bueno, pues no tengo más dinero, así que vamos a ver lo que hacemos. Si tengo que firmarte un pagaré para resolver este problema, lo haré –balbuceó tristemente el afligido, luego de acostarse en su cama abatido.

—Esperemos a que termine la celebración –dijo Afrah, refiriéndose a la celebración de los hombres, que se efectuaría al día siguiente.

Hombres celebrando

Blog desde Yemen
9 de abril de 2010

La sutil cadencia de una flauta ameniza el silencio atávico con su serpentina melodía. El día es jueves; el pueblo de Hais ya ha empezado el festejo. Nos acercamos lentamente, tratando de rebasar los cientos de individuos que tapizan las calles junto a la docena de bailarines que, cubiertos de lodo, danzan al compás del ardor del mediodía. Sus pies descalzos sacuden el alma de Hais al son de ritmos afro-arabescos, dibujando garabatos en el aire con sus afiladas *jambiyas*.

La tibia brisa que se agolpa se siente a piel desnuda, mezclándose animosamente con el evento más sagrado de esta tierra: la unión de un hombre y una mujer. Una niña se pasea risueña entre los presentes, cargando una cantina que esparce un dulce olor a incienso. Mientras el equipo de filmación se camufla en la algarabía, el ritmo de un tambor se apodera de las almas, recordándonos súbitamente la esencia de la ocasión: luego de treinta años de espera, Tariq Zuheiri caerá por primera vez en los brazos de su diosa.

De repente, un sigilo inesperado aturde a los presentes. A la distancia se observa un automóvil que carga al dichoso y se aproxima a toda velocidad. La afonía va desapareciendo a medida que se acerca el vehículo, y explota como una erupción cuando el novio sale por la puerta. Un turbante negro cubierto de rosas rojas cubre su cabeza. En su hombro descansa un sable dorado que simboliza su hombría. Sus serias facciones son incapaces de ocultar la emoción infantil que lleva dentro. Luego de ser embestido por las cámaras, se escucha una voz anunciando el banquete.

Segundos después, una puerta de metal se abre y todos los invitados salen disparados a llenar sus estómagos. Las pailas de arroz con ovejo, ensalada, *saltah*, y otros platos locales, adornan los largos y estrechos manteles que se encuentran en todos los rincones del salón, alquilado especialmente para la ocasión. Sin mucho alarde, los presentes se sientan en cuclillas a meterle mano a todo lo que se encuentra en frente. En quince minutos ya todo se ha consumido y los invitados se han dispersado.

Cuando salimos, nos encontramos con una fiesta inflamada de pasión. Los bailarines ya no son hombres, sino espejismos que han brotado del centro de la tierra, cargando con ellos el implacable espíritu desértico que como relámpago transmite la fuerza de la rebelde nación. Las mujeres, que se encuentran encerradas en las casas contiguas, vocalizan engolando sus voces pendularmente y encandilando aún más a los danzantes. La procesión ha comenzado, los bailarines delante y el novio detrás. Todos van bailando y avanzando por las estrechas calles rumbo al destino final: una carpa repleta de *qat*. Al llegar, la música termina y los hombres recuperan su estado normal.

Con cierta delicadeza, cada quien toma la porción adecuada y se sienta en un enorme círculo a masticar su hoja preferida. Las próximas cinco horas se consumen allí, rumiando hasta poner fin a la ocasión. Unas horas más tarde, le pregunto a Tariq en son de broma: "Oh, ¿y ya te casaste?", y orgullosamente confirma que sí, que ya el camino está trazado para conocer al ser más misterioso de su tierra: la mujer yemenita.

***

Después de terminar la fiesta, observé a Tariq conversando enseriado con los padres de su mujer.

—Esto es inaceptable —dijo incómodo a sus suegros—. Mi director, Rami Khalil, nos ha regalado tres noches en un hotel de lujo en Sana'a para nuestra luna de miel, y es absurdo que viajemos hasta allá para mirarnos la cara por tres días —explicó el cónyuge.

—Lo que podemos hacer es firmar un contrato en el que ustedes se pongan de acuerdo. Tal vez le puedes pagar una mensualidad fija por unos meses —expuso el suegro, tratando de aliviar la situación.

Afrah, al escuchar a su padre definiendo la conclusión del asunto, decidió aceptar las condiciones ofrecidas por su familia. Luego de que finalizara la sesión de *qat,* que le puso fin al último día de la celebración, Tariq y su mujer se fueron a Sana'a a celebrar su luna de miel. Pero una vez más, las cosas no fluirían de la manera en que Tariq y Afrah esperaban.

***

Luego de pasarse más de siete horas indiferentes a los majestuosos paisajes que separan a Hais de la milenaria capital, Tariq y Afrah se desmontaron en la plaza de Tahrir, donde caminaron hasta el acogedor hotelillo localizado en la ciudad vieja que los albergaría por tres días. Al llegar, Tariq se acomodó en la cama de tamaño familiar mientras Afrah, nerviosa, se quitaba el *hijab* y el *balto* que había utilizado todo el día para cubrirse completa. La realidad era obvia: ninguno de los dos sabía qué hacer.

—Por fin, *habibti* –musitó Tariq en los oídos de Afrah, de donde partió hacia el sur de su cuerpo, mientras su boca se perdía en el temblor de una piel desnuda. Afrah, paralizada, con su corazón rebosado de latidos, le dijo a Tariq que lo que sea que pasara tenía que ser llevado a cabo con mucho amor y delicadeza. Cuando ambos estaban listos, Afrah buscó la sábana blanca que sería puesta debajo del acto y que le probaría a Tariq y a ambas familias que conservaba fielmente su virginidad.

Las cosas comenzaron bien, como empieza todo aquello que se deja arrastrar por el instinto. El cuerpo de Afrah era paraíso, y Tariq era Eros enraizándose en su piel. Pero por supuesto, las cosas terminaron antes de lo esperado, como termina todo aquello que ha comenzado muy rápido. Hacía falta experiencia. La sábana blanca fue bendecida con la tibia sangre de Afrah, y su honor reivindicado en la mancha roja que seguía dilatándose y que no paraba de crecer.

—Esto no puede ser normal –pensó Tariq.

—Amor, estoy mareada –fue lo último que dijo Afrah antes de que su esposo saliera corriendo hacia la clínica cargando a su mujer desmayada.

Al llegar a la clínica, la doctora que se encontraba de servicio atendió de inmediato a Afrah.

—Usted posiblemente esté padeciendo de anemia, y además, ha sufrido un desgarro vaginal superficial –dijo la doctora–. Por ende, les recomiendo que no lo vuelvan a intentar por dos o tres semanas.

Tariq y Afrah resumieron su estadía en Sana'a dejando para después las caricias y disfrutando de largas conversaciones encamados. Dos desconocidos descubriéndose casados, listos para pasarse la vida juntos.

Una semana después, el contrariado par se dirigió orgullosamente hacia Ramada, el pueblo natal de Afrah. Al llegar allí, la sábana blanca teñida de sangre fue desplegada en todo el pueblo, demostrando la pureza de Afrah y el honor cabal de su familia. Los siete cuñados de Tariq salieron con sus respectivas Kalashnikov a celebrar la integridad de su hermana, confundiendo las ráfagas que expelían las armas con los fuegos artificiales que ya habían comenzado a lanzar los niños que residían en el área. Justo después, recibí una llamada de Tariq, que entre risotadas y jolgorios me confesó lo feliz que estaba de haber encontrado a la mujer de su vida.

En ese momento me encontraba en el aeropuerto de Hodeidah despidiendo a los productores y técnicos del equipo de filmación, que regresaban satisfechos a la República Dominicana. Les dije que Tariq les agradecía eternamente su intervención, y todos sonrieron mientras caminaban hacia el área de seguridad. Cuando finalmente desaparecieron tras puertas cerradas, cerré yo los ojos, exhalé una copiosa bocanada de aire, y di gracias al universo por haberme librado de un enorme problema. Increíblemente, las cosas terminaron saliendo mejor de lo esperado.

***

Un mes después de la boda de Tariq, había llegado la hora de decirle adiós a Hais. La organización me propuso extender el contrato de trabajo por un año más, pero decliné la oferta sin pensarlo dos veces. Aunque le había tomado un cariño insospechado a aquel pueblo que me había acogido como a uno de sus hijos, no soportaba otra larga jornada bajo las condiciones con las que era necesario vivir allí. Si me quedaba en Yemen, tenía que ser en la capital, donde mi vida podría volver a adquirir cierta normalidad en lo que concernía a mis necesidades básicas, algunas de las cuales no tenía forma de obtener en Hais.

La última mañana, me levanté temprano al escuchar el llamado a la oración, sabiendo que pasaría mucho tiempo antes de verme durmiendo en una terraza abierta en medio de un paisaje como aquel, acompañado de las aves de rapiña, que aunque difícil de creer, se habían vuelto tan mías que se me hacía difícil decirles adiós. En Hais, lo que había concebido como mi vida se había reducido a su mínima expresión, y fue en esa estrechez donde encontré mi más grande tesoro, como si el tiempo, el espacio, y aquel iracundo clima hubieran destilado lo que realmente importara, y todo lo demás hubiera sido exiliado en medio de aquel choque cultural de proporciones gigantescas.

Confieso que en aquella mañana, mientras los primeros rayos de luz penetraban en el pueblo, me sentía como un árabe más. Hacía un año, mi lenguaje dentro de aquel grupo de hombres no era comprendido. Al no haber sido parte del proceso evolutivo que los definió y los capacitó para hacer del desierto un lugar digno de ser habitado, reinventarme había sido necesario. Mis principios formativos seguían arraigados en la esencia de mi ser, pero ya no me consideraba prisionero del útero cultural en el cual fui concebido. Luego de haber residido como un yemenita más en una de las zonas más remotas de la nación, tenía unas ganas enormes de gritar al mundo todo lo que mis ojos habían visto, relatar las experiencias que habían transformado muchas de las nociones con las que llegué a aquel país, y profundizar otras que habían abierto mis ojos a una realidad más compleja de la que en principio creí conocer.

Salí del apartamento y me dirigí a la oficina por última vez, donde me encontré con un festín orquestado por todos los empleados, que habían cargado con bandejas de comida desde sus casas y las habían colocado en la entrada del centro. Aparte de la presencia de mis colegas, una delegación de discapacitados se congregó en las oficinas, todos comiendo y riendo como si celebraran mi boda, mi unión eterna con las memorias de su pueblo. Los ciegos, los autistas, los sordomudos, los operados de labio leporino, los que sufrían de parálisis cerebral, uno a uno me fueron abrazando, mirándome a los ojos y diciéndome cuánto me iban a extrañar, exhortándome a que nunca los olvidara, asegurándome que siempre me recibirían como un haisiano más. Layla, la niña sordomuda, se acercó adonde estaba y levantó el velo de su rostro, y en un primer gesto me dejó saber que estaba triste, y luego unió sus dos manos y se las llevó a la cara, en declaración de lo mucho que me extrañaría.

Y mientras aquella procesión de humanidad me exprimía el corazón como si fuera una fruta llena de lágrimas, me puse a pensar en la turbulenta edad en que vivíamos, donde completas civilizaciones habían desarrollado lenguajes opuestos para poder sobrevivir en las complejidades de sus circunstancias, y donde más que nunca era necesario trascender los contrastes que nos apartaban. Mientras reía y lloraba con aquellos seres humanos tan sencillos, que me habían abierto las puertas de su pueblo, pude ver claro la razón principal por la cual el destino me había encaminado en aquella travesía: los rostros velados ya no me impresionaban, pues sabía que debajo de sus túnicas se escondían hermosos corazones palpitantes, capaces de manifestar al mundo la luz que guardaban sus vestiduras; detrás de cada hombre sumido en la pobreza se escondía un imperio dispuesto a compartir la última migaja de pan; y detrás de cada mezquita, detrás de cada imán que enfilaba sus ideas a las concebidas en el Corán, se desvelaba una realidad que era igual de sublime, igual de divina a las concebidas en la Biblia y en otras religiones.

Ya cuando el mediodía se aproximaba, Mohamed Osman, el chofer de la organización, llegó a las puertas de la oficina en su Chevrolet Express Van y me ayudó a subir las maletas al vehículo. Al montarme, hombres, mujeres y niños se alinearon en la puerta para ofrecerme el último adiós, y a medida que el vehículo se iba alejando, todavía podía ver en la lejanía los brazos alzados ondeando su despedida. Me habían dejado el corazón en la boca, ahogándome en mis propios descubrimientos. Cuando por fin desaparecieron entre el celaje del sol del mediodía, fijé la mirada en la ausencia de vida que se explayaba en todas direcciones, y por un extraño segundo me pregunté si todo había sido un sueño.

—¡*Mashallah*! –dijo Mohammed Osman–. ¡Qué hermosa despedida!

Epílogo

Ojalá, inshallah

La realidad es un espejo que revela lo que permitamos que exista. A veces, bajo las superficies, se esconden gratas sorpresas capaces de deslumbrar a los ingenuos que esperan que la verdad se revele uniforme, sin las irregularidades y rasgaduras que penetran los espacios más inconcebibles. Así fue cómo descubrí el rostro oculto de Sana'a. Aquella encantadora ciudad anidada entre los cimientos de la cordillera arábiga, donde la antigüedad y su carácter austero habían dominado por completo las expansivas garras de la modernidad, me tenía guardada tremenda sorpresa.

Había llegado a Sana'a buscando la posibilidad de quedarme, pero después de un par de días de seria reflexión, decidí no hacerlo. Una de las razones para quedarme era Maha, y tenía meses sin saber de ella. Desde la noche en que el guardia nos había sorprendido en la pensión de señoritas, no había vuelto a tener noticias de su parte. Mientras contaba los días para regresar, decidí no tratar de encontrarla. No valía la pena seguir jugando con fuego a días de mi partida, y de nada me servía buscar a alguien que, sabiendo cómo encontrarme, había decidido no hacerlo. Así que la única opción plausible era dejar atrás el cosmos yemenita y buscar vida en otras fronteras. Por eso compré un pasaje de vuelta a mi país hasta que las cosas se aclararan en mi panorama laboral.

Una tarde de aquel verano, mientras rebuscaba entre las tiendecillas que poblaban los estrechos laberintos de la vieja ciudadela, me llamó la atención una galería de arte que contenía unas pinturas extraordinarias. Subí las escalerillas y entré al lugar, que con su tenue luz y paredes de piedra, albergaba docenas de tesoros pintados por un verdadero maestro.

—Son todas de mi padre –susurró una joven que, como las pinturas, contrastaba con la aspereza del ambiente. Aunque su rostro estaba escondido, el tono de su voz emanaba ternura, una ternura elemental a la que ya había estado expuesto.

—Son verdaderas obras de arte –dije, cautivado por aquella voz que no tardé en identificar: era la voz de Maha.

—¡*Habibi*, no sabía que andabas por la capital! –dijo al verme la cara.

Podía sentir en su voz y su mirada un nerviosismo ocasionado por el encuentro. En sus manos, la única parte visible de su cuerpo, noté un temblor que Maha disimuló enlazándose las muñecas y colocándolas sobre su estómago.

—Si, he terminado mi contrato de trabajo y ya casi tengo que regresar a mi país –dije molesto, extrañado de su aparente naturalidad–. ¿Por qué no me volviste a llamar después de aquella última vez? Tengo meses preocupado por ti, sin saber qué te había pasado.

—*Habibi*, perdóname –dijo Maha–. El mismo día en que nos vimos se me perdió el celular, y al poco tiempo finalicé mi contrato con la organización. Te juro que no me atreví a pedir tu número a nuestros colegas para que no fueran a sospechar. Pero mira, tengo que irme. Mi padre está abajo esperando por mí. Aquí te dejo mi tarjeta para que me llames antes de que te vayas. Por favor, no dejes de hacerlo. ¡Mustafá! –voceó con autoridad–. ¿Por qué no le das al señor un *tour* por nuestra galería?

—Pero... –dije–. No te vayas.

—*Habibi*... ¡llámame!

Maha tomó su cartera y salió por la puerta. Aunque quería convencerme de lo contrario, tenía ganas de alcanzarla y pararla en medio de la calle, levantarle el velo que cubría su rostro y darle un beso que nos saciara por completo, pero seguía en Yemen y su padre estaba afuera esperando por ella.

—Venga por aquí, caballero –comandó Mustafá, el administrador de la galería–. Déjeme darle un paseo por el lugar y así le voy explicando cada pintura –dijo.

Mientras recorría con Mustafá cada rincón del lugar, los deseos de llamar a Maha, de caer en el hechizo de su gracia, de sus labios, de ese rostro perfecto mirándome, comenzó nuevamente a invadir mi espíritu. Cuando llegamos a la terraza del edificio, los últimos rayos del sol dibujaron su estela de luz por entre los antiguos edificios de la ciudad vieja, dando la señal a las mezquitas para que iniciaran el último llamado a la oración.

Di las gracias a Mustafá por el recorrido y me dispuse a llamar a Maha, pero la certeza de que lo nuestro había terminado era demasiado palpable para hacerlo. Sabía que la tarjeta que me había entregado no había sido más que una cordialidad y llamarla la pondría en una posición donde se vería obligada a rechazarme.

Ya estaba casi subiéndome al avión que me llevaría de vuelta a mi país, y lo nuestro no tenía razón de ser. "Quizás sea mejor no forzar las cosas", pensé, sin tener la más mínima idea de que aquella mujer volvería a entrar en mi vida una última vez, derrumbando con su presencia las paredes de lo que ya consideraba una realidad digerida, endurecida por mis propios conceptos. Pero como nada es capaz de mantenerse igual por mucho tiempo, Sana'a se estaba preparando para darme la más sorprendente de las despedidas.

***

—Aquí es donde todo comienza y todo termina para los extranjeros residentes en Sana'a –dijo Yosef mientras se bebía a sorbos un doble expreso bajo uno de los decenas de paraguas que decoraban el jardín de Coffee Traders. En la cafetería, empotrada como un hospital psiquiátrico en medio de la estrepitosa capital, se ventilaban todas las tribulaciones y regocijos de aquellos que errábamos de distintas maneras por los desiertos y montañas de aquella vasta nación, y donde contrastábamos las motivaciones ocultas que nos habían sacado de nuestros hogares para emprender los caminos detrás de un horizonte disímil, a un millón de años luz de nuestras realidades culturales.

Algunos habían llegado detrás del petróleo, al amparo de empresas relegadas a los lugares más inhóspitos y hostiles de todo el territorio. Otros laboraban como voceros de un cristianismo que no tenía cabida en el sendero religioso yemenita, exponiendo su seguridad física todos los días en nombre de Jesús. Estaban aquellos que habían llegado a estudiar el lenguaje árabe, rememorando eternamente los *Ali*, *Ba*, *Ta* y *Za* con que iniciaba el alfabeto, y tratando de gesticular las diferencias entre las letras *Jha*, *Kha*, y *Ja*, que jamás llegarían a distinguir. Estaban también los que trabajaban en las embajadas, siempre fastidiados por el sinnúmero de reglamentos que los controlaban, situación que los dejaba al margen y ajenos a todo lo que ocurría fuera del perímetro de la capital, de la cual les era imposible salir. Por otro lado, estábamos aquellos que habíamos llegado al Medio Oriente a trabajar en las diversas organizaciones no gubernamentales, desempeñándonos en distintas áreas socio-económicas, labor que nos dejaba con la impresión de que nuestro trabajo era como tratar de vaciar el mar gota a gota, una imposible osadía después que entendíamos la profundidad de la problemática social yemenita. Y finalmente, estaban aquellos que habían llegado a Yemen "a ver qué pasa", seducidos por la magia, lo exótico, por aquella sensación etérea que ofrecían las imágenes del Medio Oriente y la sensación tribal que colmaba toda su geografía.

Y aunque este heterogéneo grupo de individuos contrastaba en sus aspiraciones dentro del marco laboral, todos compartían un elemento en común: la violación de las reglas tradicionales. Por lo general, cada extranjero tenía su traficante que le proveía alcohol, su contacto que le conseguía cerdo, y su manera de proseguir con sus estilos de vida, que contrastaban con el de los yemenitas.

Dentro de este grupo de individuos, cabe resaltar el caso de Yosef, experto malabarista de convenciones sociales, capaz de hacer lo inimaginable para implantar su liberal estilo de vida. En su caso, más que nada, vivir con su novia. El iraquí radicado en Sana'a se había enamorado locamente de Gigi, una filipina que trabajaba como enfermera en el único hospital de traumatología en la capital, y su romance ya llevaba seis meses volando por todo lo alto. Gigi, al provenir de una cultura mucho más abierta, le había propuesto a Yosef mudarse juntos ya que su situación económica estaba bastante apretada. Yosef pensó en llevársela a su casa, pero sabía que a su madre le daría un infarto si se enteraba de la relación, y como hombre, al estar imposibilitado de llevarla a un hotel debido a la costumbre de pedir certificados de matrimonio a todas las parejas que buscaban una habitación donde desahogar sus pasiones, Yosef tomó una decisión: haría lo imposible para mudarse con su novia.

Luego de mucho meditar sobre cómo llevar a cabo el proyecto, Yosef ideó un plan que lo impulsaría a lograr su propósito. Primer paso: conseguiría un pasaporte filipino falsificado. Para esto Gigi resultó indispensable, ya que tenía los contactos dentro de la comunidad filipina radicada en Sana'a, y no le fue difícil hablar con algunos de sus conocidos, que trabajaban al borde de la ley, para conseguir el documento. Al ser árabe musulmán (en su caso más por tradición que por convicción), Yosef sería puesto entre la espada y la pared si trataba de mudarse con una extranjera. Por esto, el pasaporte era de suma necesidad.

Segundo paso: aunque tenía la complexión física para ser el prototipo del árabe en el Medio Oriente, le presentaría el documento falsificado al propietario de un inmueble en alquiler, en este caso un señor muy mayor que tenía un apartamento de una habitación. Tercer paso (y sin duda el más importante): no olvidarse de su falsa identidad.

Yosef trabajaba como profesor de Educación Física con personas discapacitadas y un día fue entrevistado para que relatara su experiencia en las eliminatorias paralímpicas nacionales. Olvidando por completo su peculiar situación, declaró a sus entrevistadores que no solo era un orgulloso ciudadano iraquí, sino además amante de todo lo yemenita. Al terminar la entrevista y acordarse de que la televisión era un artefacto ampliamente diseminado por todos los países del mundo, se dio cuenta de que había puesto su vida en grave peligro. De inmediato, agarró su bulto y corrió hasta su casa, temeroso de que estuvieran esperándolo en la recepción del edificio para lincharlo. Al llegar y ver que no había nadie allí, sintió un gran alivio. Probablemente aquella entrevista todavía no había sido transmitida por ningún canal de televisión.

Entró en su apartamento, encontró el bate de madera que le había traído su primo de los Estados Unidos, tosco y reluciente, como si el propósito de su existencia estuviera a punto de ser por fin consumado. En un momento que el describió como una "epifanía, un instante de intensa claridad mental", tomó el bate, subió hasta el techo, y con todas sus fuerzas apaleó las parábolas de televisión utilizadas por sus vecinos, con lo que dejó atrás un cementerio de hierros torcidos que convirtieron la azotea en un auténtico vertedero industrial.

—*Akhy*,[1] es que no podía arriesgar mi situación de vida –comentó entre risas y encendiendo un cigarrillo cuyo humo se mezcló con su aliento empapado de cafeína.

—¿Y nunca se llegaron a enterar? –pregunté degustando un *caramel machiatto* en el corazón de aquella loca ciudad.

—Si lo hubieran hecho, no estuviéramos teniendo esta conversación –dijo guiñándome el ojo mientras la tarde se vertía sobre nosotros y la cafetería se llenaba de extranjeros y conversaciones agitadas.

***

Una semana después, a ley de unos pocos días para mi partida, tenía bajo control el deseo de volver a ver a Maha. Después del encuentro en la galería de arte, me sentía totalmente dividido con respecto a cómo proceder: por un lado, no quería verla porque después del trato que me había dado, no se merecía ni mi tiempo ni mi afecto. Sin embargo, el otro lado se moría por estar con ella. Y como si el universo me estuviera jugando una broma pesada, no pasó mucho tiempo antes de encontrármela, nada más y nada menos que en el bar más decadente de todo Sana'a.

---

[1] Hermano en árabe.

—¡Qué casualidad verte por aquí! –dije mientras disfrutaba de un *vodka* a las rocas en el Club Ruso.

Frecuentado por los personajes más furtivos de todo Yemen, incluyendo prostitutas somalíes y capos de Etiopía, el Club Ruso se desempeñaba como el centro espiritual de los desalmados de Sana'a. Las luces rojas que adornaban el establecimiento y el *eurotrash* que despedían sus bocinas hacían que en el lugar se respirara un aire de prostíbulo soviético, donde la lujuria se agigantaba en el ensordecedor ambiente saturado de humo de cigarrillo. Por motivos de seguridad, el establecimiento se encontraba en la denominada "ciudad turística", totalmente fuera de límites para los yemenitas musulmanes. En esta zona amurallada de la capital convivían todos los considerados "elementos de alto riesgo", como algunos embajadores y oficiales de alto nivel, y aquellos valientes judíos yemenitas que habían decidido no marcharse de su país de origen.

—Así es, esta ciudad no deja de sorprenderme –respondió, mientras yo hacía todo lo posible para lucir relajado, aunque el corazón se me había encrespado en un tumulto de sensaciones al verla sin *balto* ni *hijab*, totalmente descubierta, como me había recibido aquel día en la pensión de señoritas. Era evidente que los dos tratábamos de disimular la sorpresa que nos habíamos llevado al vernos en aquel bar donde solo permitían la entrada a extranjeros–. No se lo digas a nadie, pero siempre me han dejado entrar porque piensan que soy italiana –continuó–. Una amiga me regaló su identificación y desde que la usé por primera vez, hace más de un año, nunca he tenido problemas con el acceso –añadió como si me hubiera leído los pensamientos–. ¿Cuándo te vas?

—Desgraciadamente, me voy en tres días –contesté.

—Qué pena –dijo Maha–. Seguro que dejarás a muchos extrañándote.

—Eso espero –dije.

Y sin más ni menos nos despedimos, traicionando las reales intenciones que yacían indetectables detrás de nuestras miradas. El verla allí desplegando de manera pública sus verdaderos colores había sacudido todo mi sistema, como si la chica que había conocido y esa que acababa de ver fueran dos seres diferentes que compartían el mismo cuerpo. Me terminé de beber el *vodka* sin quitarle la mirada, presenciando cómo se reintegraba al grupo de amigas (aparentemente europeas) con las que había llegado al bar. Minutos después, llegó a su mesa una bandeja de *shots* y todas las mujeres, incluyendo a Maha, tomaron un vasito entre sus manos y brindaron por no sé qué, y justo en aquel instante, mientras el alcohol todavía bajaba caliente por su esófago, Maha se volteó a mirarme y sentí su deseo atravesándome completo.

Aquella visión, tan extraña y surreal, me paralizó como si estuviera en uno de esos sueños donde despertarse era casi imposible. Después de beberse el *shot*, Maha y sus amigas se dirigieron a la pista a bailar entre ellas, aunque de vez en cuando ella volvía el rostro y me lanzaba una ojeada cautivante. Mientras la veía mover sus caderas al ritmo de la música, las ansias de tenerla entre mis brazos comenzaron a rebosarse por toda mi piel. La tomé por el brazo con delicadeza pero con cierto grado de autoridad y la separé del grupo hasta que nos quedamos frente a frente, escuchando el eco de las bocinas, que nos reventaba los oídos.

—No puedo creer que estemos en el único lugar donde disfrutar de esta manera es permitido –dije soslayando nuestros cuerpos por encima de las notas musicales.

—No te creas. Sana'a te puede sorprender –dijo y amarró sus ojos a los míos como si con ellos me hiciera cómplice de un millón de confesiones–. Y es más, para que lo nuestro no se quede siempre en palabrerías, prometo que mañana te pasaré a buscar. Así te daré tu verdadera despedida –dijo, mientras todo el lugar parecía evaporarse en una melancólica nube de suspiros y movimientos que poco a poco comenzaron a hacerse más íntimos, y donde la mezcla del alcohol, el *eurotrash*, y las bocanadas de humo catapultaban nuestros sentidos hacia una nota de pasión.

Con cada segundo que pasaba, nos hundíamos más en un trance del cual nos era imposible regresar, donde se esbozaba cada movimiento, y donde los labios de Maha se acercaban peligrosamente a los míos, y justo en el momento que debieron chocar en una violenta sacudida de espasmos surgidos de la incontenible levedad de la carne, Maha puso una mano en mi pecho y amplió el espacio que había entre nosotros. Clavó sus ojos en los míos y con un gesto casi imperceptible me indicó que se tenía que ir. Justo cuando salía por la puerta, me lanzó una mirada y con un ademán prometió buscarme en el hotel donde le dije que me estaba quedando.

Y llegó el día siguiente. La hora de partir se acercaba como un presagio de melancolía y esto significaba que aquellas sensaciones vividas con Maha regresarían a la tierra del nunca jamás. En la noche terminé de hacer las maletas, y fue entonces que la soledad del viajero volvió a instalarse en mi corazón, justo el momento en que el teléfono del hotel comenzó a timbrar.

—Hey, ¿estás listo para divertirte un poco? –preguntó la voz, alivianando el peso que se había postrado en mi aliento.

—Totalmente –dije.

—Te pasaremos a buscar en diez minutos, ¿*tamam*?

—¡Perfecto! –respondí excitado.

Después de vestirme, me asomé por la ventana de mi habitación y logré avistar una imponente Toyota Land Cruiser, que con vidrios tintados, prometía una velada llena de posibilidades. Cuando salí del hotel, me encontré con una noche inusualmente fría, en la que el viento de la sierra soplaba con fuerza mientras arrastraba restos de basura que rodaban calle abajo.

Abrí la puerta trasera del vehículo y me acomodé en el asiento.

—Hola, *habibi*. Esta es Asla, mi mejor amiga –murmuró Maha señalando a la mujer que manejaba el vehículo, ataviada con un *balto* y un *hijab* que dejaba su pelo chorrear imprevisiblemente, como si nada pudiese contener su feminidad. Para mi sorpresa, mientras doblábamos en la calle Beirut, Asla me pasó una Heineken enlatada.

—Disfruta, que estas se consiguen con trabajo –dijo lanzándome una ojeada por entre las contorsiones del *hijab*. Mientras los tres degustábamos las cervezas y nos deslizábamos por la ciudad como si nos perteneciera, Maha tomó el teléfono y realizó una llamada. Después de unos breves intercambios de palabras, colgó.

—Nos esperan en la calle Tai'z –dijo con imperturbable calma.

Sana'a parecía estarse recogiendo; los negocios ya comenzaban a cerrar sus puertas y quedaban solo los puestos de jugos frutales, que exhibían sus licuadoras en las vitrinas. Al terminar la Heineken que tenía en mano, Maha me pasó otra lata de cerveza, como para dejarme saber que estaba atenta a mi último sorbo para emborracharme lo más rápido posible. Bajamos por la calle Al-Zubeiri hasta llegar a la calle Tai'z, que se encontraba sumida en una tupida oscuridad.

Solo las luces del vehículo cercenaban la negrura y dejaron al descubierto una Toyota Prado color verde olivo.

—Son ellos –dijo Asla, que procedió a parquear a unos pocos metros y apagó las luces, lo que dejó toda la calle en sombras. Las puertas de la Prado se abrieron y un hombre de rostro seco, desgastado como una semilla, salió con una titánica funda negra entre las manos. Asla bajó la ventana y el hombre se la pasó.

—Son diez mil *riales* –dijo el personaje, cuyos rasgos se camuflaban en la oscuridad.

Asla le pasó un fajo de dinero y el hombre desapareció tras los vidrios tintados de donde había salido.

Luego del intercambio, la Land Cruiser salió disparada por las calles de Sana'a y se internó en el distrito de Hadda, zona adinerada poblada por unas pocas mansiones. Al llegar, Maha llenó los espacios vacíos que me tenían intrigado desde que me habían recogido en el hotel:

—Esta es la casa de Ahmed, uno de mis mejores amigos. Hoy nos juntaremos con un grupo de personas a pasarla bien. Lo único que él pedirá es que nadie salga de la casa hasta que amanezca, así que si necesitas dormir, que lo dudo mucho, Ahmed no tendrá problemas en prestarte una cama. ¡A desconectarse y disfrutar! –dijo mientras la mansión abría sus puertas para tragarnos como si estuviera viva.

Cuando entramos, Maha me introdujo a un grupo de hombres y mujeres con los buches hinchados de *qat*. Las mujeres, engalanadas con sugerentes escotes, me ofrecieron sonrisas y miradas sugestivas. Segundos después, un hombre exuberante salió de la cocina con el carisma propio de un amante latino, como si el mundo fuera su zona de juego y todos estuviéramos allí para divertirlo.

—*Ahlan akhy*, soy Ahmed. Maha nos ha hablado maravillas de ti y nos ha contado de tus aventuras en Hais –dijo, escaneándome con precisión y pasándome un vaso de jugo de naranja y *vodka* Grey Goose.

Mientras conversábamos, un grupo de chicas con rostros velados llegaron a la casa. Como si hubieran salido de mis más íntimas fantasías, las mujeres comenzaron a desabrocharse los botones del *balto* negro, y entre risas se quitaron los velos que cubrían sus rostros. Para mi sorpresa, no dejaban nada a la imaginación: debajo de sus cautos atavíos, minifaldas en miniatura adornaban sus piernas, algunas dejando entrever la milimétrica ropa interior que mostraban orgullosas y sin rastro de vergüenza. Los triangulitos de donde salían los tres hilos que componían aquellas tangas, que al parecer solo venían en rojo y negro, hicieron que todo mi sistema nervioso entrara en estado de alerta. Mientras las chicas se disponían a colgar sus vestiduras más prudentes, Ahmed volvió a pronunciarse:

—Señores, no perdamos más tiempo y bajemos al subterráneo.

Maha me tomó de la mano y me guio hasta una puerta insonorizada, desde donde descendía una escalera hacia un piso subterráneo. Mientras nos hundíamos en el cuarto vedado, Maha me comentó: "No te sorprendas, que lo que verás aquí es muy común en Sana'a". Cuando se encendieron las luces, Ahmed anunció: "Esta es mi discoteca privada, por donde respira esta ciudad". Las luces, insertadas dentro de botellas de *vodka* Absolut de distintos colores, dejaban entrever un bar repleto de todo tipo de bebidas alcohólica, y en el centro, una pista de baile iluminada por una bola cubierta de espejos que colgaba del techo.

Cuando encendieron el equipo de música y las voces de Akon y David Guetta salieron eyaculadas por las bocinas con su *Sexy Chick*, "*¡She's nothing like a girl you've ever seen before! Nothing you can compare to your neighborhood whore! I'm trying to find the words to describe this girl without being disrespectful!*", las mujeres comenzaron a contorsionar sus vientres como si cada movimiento tratara de apaciguar las exigencias de sus anhelos. Y en ese trance, perdidas en la música y en los *shots* de tequila suplidos por Ahmed, rompían las cadenas que las mantenían atadas a las rígidas convenciones que gobernaban los asuntos fuera del subterráneo, donde ahora se volvían capaces de tragarse a un hombre de una sola mordida.

Volví a sentir las manos de Maha, que regresaron a engancharse a mi espalda, empujándome hacia la vorágine de humanidad que se había formado en la pista. Allí los cuerpos no se diferenciaban unos de otros; nos habíamos convertido en una masa que se expandía y se contraía junto al *tum, tum, tum* de las bocinas, congelada entre los labios, las piernas, y las manos que me recorrían completo, inundada del olor que despide la piel cuando se frota, cuando se restriega con otra piel dejando atrás solo una turbulenta corriente de llamas que se teje y se desteje sobre las fronteras del frenesí.

Y a medida que la masa desdibujaba nuestras identidades, una torre de Babel me colocó en su claraboya, desde donde podía contemplar aquel buque de ironía que navegaba por un mar de contradicciones deambulando bajo tierra, tras dejar las convenciones sociales relegadas a la superficie. Y fue entonces cuando las horas comenzaron a pasar como una interminable sucesión de fotos incapaces de ser hiladas coherentemente, como una película protagonizada por retazos de luz y miradas colgadas.

Ya empapado de sudor, Maha se convirtió en una extraña aparición de humo y lascivia, y volvió a sacudirme sacándome de la pista sin alharaca, extrayéndome de aquel mundo subterráneo saturado de sensualidad, para llevarme hasta una habitación donde nuestras bocas finalmente se desmenuzaron como dos castillos de arena ahogados por el mar, enredando nuestros alientos y nuestra sangre huracanada. Lo demás es pura conjetura. Solo sé que la noche me supo a sal y que las uñas de Maha se dibujaron por toda mi piel, como si Jackson Pollock hubiera encarnado en Afrodita para hacer de mi cuerpo una absurda obra de arte.

Y el sol salió, enterrando la noche en su infinito ciclo, mientras ojos resacados y cabezas maltratadas emergieron de sus escondites para beberse un café y tratar de regresar a sus casas. Todavía al día de hoy no me acuerdo cómo llegué al hotel. Es posible que me haya ido caminando por las solitarias calles de Sana'a a las seis de la mañana, o tal vez algún buen samaritano me llevó hasta mi albergue. Solo sé que cuando llegué todo seguía dando vueltas, y que el Yemen que creía haber conocido se había convertido en una hidra recién descabezada, donde el yin y el yang por fin se habían reconocido y una humanidad más completa había surgido de entre toda la uniformidad.

***

Amanecí a la mañana siguiente reventado, tratando de hilar los acontecimientos que me habían provocado el horroroso dolor de cabeza que me consumía. Terminé de cerrar las maletas, y al concluir, me senté en la cama desvencijado, sintiéndome incapaz de comprender el porqué había descubierto ese nuevo mundo tan tarde, ya cuando la hora de irme se aproximaba.

Mientras seguía sumido en la levedad de aquellos pensamientos saturados de alcohol, pensé en la vida que estaba dejando atrás, en todas las personas que de una manera u otra me habían resguardado en la bondad de sus corazones, y en las razones que en principio habían hecho que me lanzara hacia ese mundo desconocido, ahora tan mío, que quería tenerlo entre mis manos para siempre. ¿Qué era lo que motivaba a ciertos individuos a lanzarse hacia lo desconocido, ilusionados con espejismos que en muchas ocasiones no tenían nada que ver con la realidad? Imágenes de grandes migraciones humanas se agolparon en mi mente, y de repente me invadieron unas ganas irresistibles de escribir. Desempaqué la *laptop* para tratar de arrinconar el sentimiento que ahora, momentos antes de partir, había vuelto a inundarme el pecho. Abrí un documento, y mis dedos comenzaron a teclear.

Viento, arena y estrellas

Blog desde Yemen
7 de julio de 2010

Hay algo que se desnuda detrás de cada pensamiento, insostenible, como un imán que evita ser descubierto pero cuyo magnetismo es demasiado obvio para mantenerse oculto. El alma siente la cruz de la inercia corroerse en el vaivén de los minutos incinerados, mientras toma impulso para salir disparado hacia los confines del universo. El crepúsculo de lo vivido se asienta en la lenta desesperación que muere en una rotunda decisión: a fuerza de mordidas nos desprendernos de lo conocido para lanzarnos de lleno al abismo de lo incógnito.

Para no perecer en la seguridad de nuestras cadenas, necesitamos reinventarnos en el mar del arrojo, de la fuerza, de la conquista interna, alzarnos merecidamente en el inmortal pico del coraje y gritar al universo que nada nos puede vencer. En esta combustión, nos deshacemos de todo lo que había obstaculizado nuestro camino hacia la sabiduría, y como orugas que agonizan en la faz de un viejo roble, un día nos percatamos de que aquel peso muerto que sentíamos en nuestras espaldas eran alas.

Luego de enfrentar las sombras de lo desconocido, el temor (parte del mismo misterio que nos impulsó a lanzarnos) se diluye en la convicción de que el miedo era fruto de nuestra creación. El resplandor de la realidad disipa lo que las mentes temerosas no pueden percibir: que nada más encender las luces, detrás de la negrura que nos había torturado, solo se escondía el tesoro de una condición inmutable, moldeada exclusivamente por aquellas ideas con que la concebimos. Para poder desterrarla, solo hace falta que algún día transmutemos nuestra perspectiva y comprendamos que todos los caminos habían estado abiertos, y que solo seguían frenándonos nuestras creencias.

Enmarcando las decisiones que nos definen, nuestros parámetros culturales son la estructura en la cual se afincan todos los cimientos de nuestro libre albedrío. Como espejuelos que dibujan nuestra visión del mundo, nuestro bagaje cultural nos adhiere al grupo al que pertenecemos, y nos sirve de punto de referencia para ubicarnos dentro de las dicotomías ideológicas que fragmentan a la especie humana. Aunque nos consideramos libres, estamos atados a todas las preconcepciones que nos condicionan desde nuestra infancia. Por ende, nuestros pensamientos están contenidos en el molde de nuestras propias creencias, y para romper las paredes que limitan nuestra visión, necesitamos una profunda transformación que revierta los parámetros de nuestra realidad, restaurando nuestra perspectiva independiente de toda influencia. Si somos capaces de lograrlo, la comunión con nosotros mismos y con los demás se amplificará en la aceptación, y nos convertiremos en seres universales que fortalecen los lazos que unen a las naciones, derribando las paredes que nos separan como especie y que nos dificultan apreciar los elementos comunes que nos conforman como seres humanos.

Una de las múltiples maneras de lograr este objetivo es descubriéndonos en otras culturas. Cuando debilitamos nuestras costumbres y nuestros hábitos se ven obligados a modificarse para evitar posibles conflictos que pondrían en riesgo nuestra supervivencia, aquella superposición de concepciones e ideologías podrían ofrecernos una segunda oportunidad de conocernos a fondo, de cuestionar nuestra naturaleza, y de encontrarnos con la verdadera esencia de nuestro ser.

***

Cuando terminé de revisar lo que había escrito, el avión sobrevolaba Santo Domingo, la ciudad que me había visto nacer, y cuyos contornos, sabía, jamás volverían a ser los mismos. Quizás porque de alguna manera traía conmigo al desierto y la indeleble percepción de una humanidad que me había abierto el corazón.

La primera edición de
*Ojalá, inshallah. Viaje íntimo al
corazón de Yemen*
terminó de realizarse en el mes
de septiembre de 2016.